세상에서 가장 친밀한
# 초등 영어 읽기

Neighbors and Street

Giovanna Stapleton, Anne Kim, Benjamin McBride 지음

우선 순위
리딩 지문
**40**

동양북스

**지은이**

동양북스 초등 영어 연구소
Giovanna Stapleton
Anne Kim
Benjamin McBride

세상에서 가장 친밀한
# 초등 영어 읽기
Neighbors and Street

초판 1쇄 인쇄 ㅣ 2022년 11월 25일
초판 1쇄 발행 ㅣ 2022년 12월 1일

발행인 ㅣ 김태웅
기획·총괄 ㅣ 황준
편집 ㅣ 안현진
디자인 ㅣ Design MOON-C
마케팅 ㅣ 나재승
제 작 ㅣ 현대순
발행처 ㅣ (주)동양북스
등 록 ㅣ 제 2014-000055호
주 소 ㅣ 서울시 마포구 동교로 22길 14 (04030)
구입 문의 ㅣ 전화 (02)337-1737
　　　　　　팩스 (02)334-6624
내용 문의 ㅣ 전화 (02)337-1763
　　　　　　dybooks2@gmail.com

ISBN  979-11-5768-767-1 64740

우리 초등학생은 첫 리딩 책에서 로켓을 발사하다/환경을 보호하다/엘니뇨를 겪다/광합성을 하다를 읽습니다. 괜찮을까요?

입을 헹구다/늦게까지 깨어 있다/주사를 맞다/재택근무를 하다부터 읽어야 하지 않을까요? 그것을 충분히 읽은 상태에서, 그 바탕 위에서 모든 것을 읽어야 하지 않을까요?

<세상에서 가장 친밀한 초등 영어 읽기 Family and House, Neighbors and Street>는 우리에게 가장 밀접한 것들을 충분히 읽어 볼 수 있는 책입니다. 필수 표현이 가득 담긴 글을 통해 올바른 영어 읽기를 빈틈없이 시작할 수 있는 것입니다.

## 어려운 책 한 권보다 쉬운 책 여러 권이 낫다!
- Stephen D. Krashen

세계 최고의 언어학자인 스티븐 크라센 박사는 시험을 치르거나 숙제를 하기 위해 읽는 활동보다는 즐거움을 위해 폭넓게 읽는 독서가 어휘력을 향상시키는 것은 물론 독해력, 철자, 작문 실력을 키우는 데도 핵심적인 역할을 한다고 했습니다. 영어 읽기를 시작하는 아이들에게 중요한 것은 쉽고 재미있는 글입니다. 학습 부담을 느끼지 않고 이해할 수 있는 이야기를 여러 번 읽어 유창하게 읽을 때까지 반복하는 것이 가장 좋은 것입니다.

<세상에서 가장 친밀한 초등 영어 읽기 Family and House, Neighbors and Street>는 익숙한 어휘와 문법, 그리고 흥미로운 주제가 담긴 재미있는 이야기가 가득 담겨 있습니다. 쉬운 어휘와 문법만 이해할 수 있다면 충분합니다. 이 책과 함께하면 영어 읽기에 대한 자신감과 유창성이 쑥쑥 자라 리딩의 기초 체력이 튼튼해질 것입니다.

# Contents

## Part III  Infrastructure  사회 기반 시설

## Part IV  *Things used in the infrastructure*  공공 시설물

# 이 책의 활용법

## ● *Reading*

Neighbors와 Street에 관한 재미있는 이야기들이 기다리고 있습니다. 흥미로운 이야기를 읽어 나가면
영어 읽기가 즐거운 경험이 되고 저절로 유창성이 키워질 것입니다. 영어 읽기의 즐거움 속으로 빠져볼까요?

**Unit 01 A Chef in the Restaurant**

Mario is a chef.
He has an Italian restaurant 'Ti Amo, Pasta.'
He is very proud of his food.

Mario always says, "I am not a cook! I am a chef!"
A cook is a person who cooks, but a chef creates different dishes or recipes.
Mario has a different "Today's Special" dish every day.
Many people are curious about Today's Special.

Today's Special at 'Ti Amo, Pasta' is pizza.
Mario started by making the dough.
Then he sliced Italian sausage, peeled and crushed garlic, and chopped onions and peppers.
Then he sprinkled them on the dough with a bit of black pepper and salt.
He mixed some cream cheese and fresh cream together and spread it on the dough.
He put the pizza in the oven and cooked it for about 20 minutes.
When he served the pizza, everyone went silent.
It was so delicious that nobody could speak!
Mario is a fantastic chef!
He's the best chef in the neighborhood!

**Warm up**
- What does a chef do in a restaurant?
- What does a chef wear?
- Do you know any famous chefs?

MP3 & PDF_01

**Theme**
Part1은 개인사업장에서 일하는 사람, Part2는 공공기관에서 일하는 사람, Part3은 주변의 기반 시설, Part4는 주변의 사물과 기기에 대한 글이 담겨 있습니다. 모든 이야기는 우리 주변의 일상과 가장 가까운 주제를 다루고 있습니다.

**Vocabulary**
각 과마다 10개의 새로운 단어를 배울 수 있습니다. 읽기를 처음 시작하는 학습자의 경우 우측에서 어휘를 먼저 훑어보는 것도 좋은 방법입니다.

**MP3**
QR코드를 찍으면 원어민의 MP3를 들을 수 있습니다. 원어민과 함께 책을 소리 내어 읽어 주세요. 문법 포인트나 어휘에 주의를 기울여 따라 읽다 보면 듣기와 회화에도 많은 도움이 됩니다.

## ● *Warm up*

배경지식을 활성화시키는 좋은 방법 중 하나는 **질문을 하는 것**입니다. 읽기 전에 **주제와 관련된 질문에 대답**을 하는 과정에서 이야기에 생각을 더해 주세요.

## ● Practice

이야기를 읽은 다음에는 연습 문제를 풀어봅니다. 어휘, 내용 이해, 그리고 리딩 스킬 등의 다양한 유형을 통해 얼마나 완벽하게 읽었는지 확인할 수 있습니다.

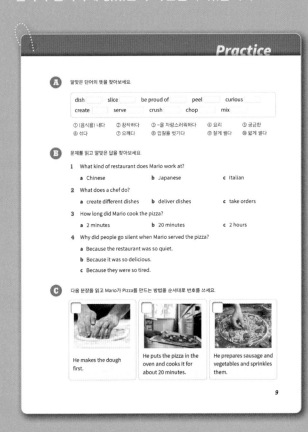

### Vocabulary Practice
어휘 확인은 읽기 준비 정도에 따라 읽기 전이나 후에 해도 됩니다. 읽기 초보라면 먼저 어휘를 확인하면 내용 이해할 때 도움이 됩니다.

### Comprehension Questions
내용에 대한 이해를 확인하는 과정을 통해 잘 이해했는지 확인해 볼 수 있습니다.

### Reading Skills
그래픽 오거나이저에 빈칸에 단어를 넣는 활동을 하면서 주제 찾기, 시간 순서대로 나열하기, 비교하기 등 여러 가지 리딩 스킬을 배울 수 있습니다.

## ● Vocabulary Review

어휘를 복습할 수 있습니다. 단어 뜻, 반의어, 문장 활용 등으로 **구성**되어 있습니다. 어휘를 한 번 더 문제로 풀면서 확실히 내 것으로 만들 수 있습니다.

## ● Speaking Review

영어로 질문과 대답을 하며 **배운 내용**을 복습할 수 있습니다. PDF와 MP3에 담긴 질문에 답해 보세요.

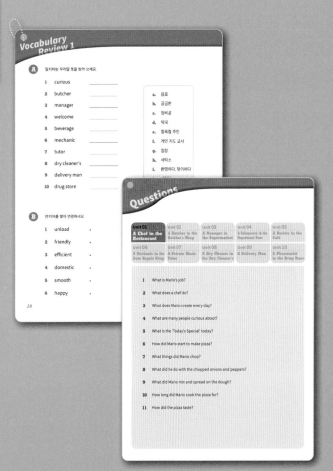

## ● Answer Key

글에 대한 **한글** 해석과 문제 **정답**을 확인할 수 있습니다.

Mario is a chef.

He has an Italian restaurant 'Ti Amo, Pasta.'

He is very proud of his food.

Mario always says, "I am not a cook! I am a chef!"

A cook is a person who cooks, but a chef creates different dishes or recipes.

Mario has a different "Today's Special" dish every day.

Many people are curious about Today's Special.

Today's Special at 'Ti Amo, Pasta' is pizza.

Mario started by making the dough.

Then he sliced Italian sausage, peeled and crushed garlic, and chopped onions and peppers.

Then he sprinkled them on the dough with a bit of black pepper and salt.

He mixed some cream cheese and fresh cream together and spread it on the dough.

He put the pizza in the oven and cooked it for about 20 minutes.

When he served the pizza, everyone went silent.

It was so delicious that nobody could speak!

Mario is a fantastic chef!

He's the best chef in the neighborhood!

## Warm up

- What does a chef do in a restaurant?
- What does a chef wear?
- Do you know any famous chefs?

MP3 & PDF_01

**A** 알맞은 단어의 뜻을 찾아보세요.

dish ___ slice ___ be proud of ___ peel ___ curious ___
create ___ serve ___ crush ___ chop ___ mix ___

① (음식을) 내다   ② 창작하다   ③ ~을 자랑스러워하다   ④ 요리   ⑤ 궁금한
⑥ 섞다   ⑦ 으깨다   ⑧ 껍질을 벗기다   ⑨ 잘게 썰다   ⑩ 얇게 썰다

**B** 문제를 읽고 알맞은 답을 찾아보세요.

**1** What kind of restaurant does Mario work at?

   **a** Chinese        **b** Japanese        **c** Italian

**2** What does a chef do?

   **a** create different dishes    **b** deliver dishes    **c** take orders

**3** How long did Mario cook the pizza?

   **a** 2 minutes       **b** 20 minutes       **c** 2 hours

**4** Why did people go silent when Mario served the pizza?

   **a** Because the restaurant was so quiet.

   **b** Because it was so delicious.

   **c** Because they were so tired.

**C** 다음 문장을 읽고 Mario가 Pizza를 만드는 방법을 순서대로 번호를 쓰세요.

He makes the dough first.

He puts the pizza in the oven and cooks it for about 20 minutes.

He prepares sausage and vegetables and sprinkles them.

# A Butcher in the Butcher's Shop

Mr. Johnson has his own butcher's shop in a small town.
He has worked as a butcher for nearly 30 years.
During those 30 years, he has opened his shop at 9 a.m. every day except Sundays.
He knows most of the people in the neighborhood.

Mr. Johnson has an assistant, Jack.
They come to the shop early in the morning,
because they get their delivery at 7 a.m.
They unload the meat and put it in the fridge to keep it fresh.

Mr. Johnson and Jack prepare the meat for sale around 7:30 a.m.
They sell all kinds of meat at the shop, including beef, lamb, and chicken.
Some customers like skinless chicken or lean meat.
Some customers buy only the legs, breasts or wings.
Jack cuts the fat off the meat or takes the skin off the chicken.
Mr. Johnson cuts the meat for his customers.
They sell very fresh meat and everybody is very happy with them.

## Warm up

- Do you ever go to the butcher's?
- What does the butcher do?
- What can you buy at the butcher's?

MP3 & PDF_02

**A** 알맞은 단어의 뜻을 찾아보세요.

| | |
|---|---|
| nearly ☐ fat ☐ neighborhood ☐ unload ☐ delivery ☐ | |
| assistant ☐ beef ☐ butcher ☐ lamb ☐ except ☐ | |

① ~을 제외하고는     ② 이웃, 부근     ③ 조수     ④ 배달     ⑤ 거의
⑥ (짐을) 내리다     ⑦ 정육점 주인     ⑧ 지방     ⑨ 소고기     ⑩ 양고기

**B** 문제를 읽고 알맞은 답을 찾아보세요.

**1** How long has Mr. Johnson worked as a butcher?

    **a** nearly 30 years     **b** nearly 40 years     **c** nearly 50 years

**2** What is NOT true about Mr. Johnson in the morning?

    **a** Mr. Johnson prepares the meat for sale.

    **b** Mr. Johnson delivers the meat.

    **c** Mr. Johnson and his assistant unload the meat.

**3** What can you buy at Mr. Johnson's butcher's shop?

    **a** beef     **b** fish and chips     **c** shrimp

**4** What doesn't Jack do for some customers who have specific requests?

    **a** cut the fat off the meat     **b** take the skin off the chicken     **c** wash the meat

**C** 다음 이야기를 읽고 빈칸을 채워보세요.

| <보기> assistant   butcher   skin   fat   delivery   own |
|---|

| | |
|---|---|
| **Main Idea** | A butcher in the butcher's shop |
| **Johnson** | Mr. Johnson has his _____ butcher's shop. He has worked as a _____ for nearly 30 years. |
| **Morning** | Mr. Johnson has an _____ , Jack. They come to the shop early in the morning to get their _____ . |
| **Preparing** | Jack cuts the _____ off the meat or takes the _____ off the chicken for some customers. |

# A Manager in the Supermarket

Millie works at ABC supermarket.

She started working there 15 years ago; it was her very first job.

She was an assistant manager there for a while,

and then she became the manager.

As the manager, she has many roles and responsibilities.

Her main job is to get more customers and increase profits.

That means she has to plan promotions like 'Buy 1, Get 1 Free.'

It helps bring in more customers and sell more products.

Another of Millie's roles is hiring and training staff.

Millie needs to choose the right people for the right jobs.

Unfriendly staff means unhappy customers.

So she needs to train her staff.

She needs to tell her staff to clean the supermarket.

She needs to tell them to organize the shelves.

She always keeps her eye on the store and the staff.

She also needs to count the store's earnings and check the cash registers.

Being the manager isn't easy.

But Millie is very happy with her job.

## Warm up

- How often do you go to the supermarket?

- What does the manager of a supermarket do?

- How do you pay for your products?

MP3 & PDF_03

**A** 알맞은 단어의 뜻을 찾아보세요.

| unhappy ___ | manager ___ | hire ___ | profit ___ | train ___ |
| responsibility ___ | unfriendly ___ | staff ___ | role ___ | earning ___ |

① 역할    ② 교육시키다    ③ 직원    ④ 불만족스러워하는    ⑤ 수입, 소득

⑥ 관리자    ⑦ 책임감    ⑧ 수익, 이익, 이윤    ⑨ 불친절한    ⑩ 고용하다

**B** 문제를 읽고 알맞은 답을 찾아보세요.

**1** Where does Millie work?

   **a** pharmacy      **b** butcher      **c** supermarket

**2** What is NOT true about Millie's promotions like 'Buy 1, Get 1 Free'?

   **a** They help sell more things.      **b** They help poor people.

   **c** They help bring in more customers.

**3** What is Millie's role as a manager?

   **a** to organize the shelves      **b** to train her staff

   **c** to clean the supermarket

**4** Why is it important that Millie choose the right people for the right jobs?

   **a** to make happy customers      **b** to make unfriendly staff

   **c** to make unhappy customers

**C** 다음 이야기를 읽고 빈칸을 채워보세요.

<보기> training    promotions    profits    responsibilities    manager    bring

| Main Idea | A manager in the supermarket |
| --- | --- |
| Millie | Millie works at ABC supermarket. She is a _____ . As the manager, she has many roles and _____ . |
| Role 1 | Her main job is to get more customers and increase _____ . She has to plan _____ . It helps _____ in more customers. |
| Role 2 | Another of Millie's roles is hiring and _____ staff. |

# Unit 04
# A Salesperson in the Department Store

Janet is a salesperson in the department store in town.
The department store opens at 10:30 a.m.
So she needs to get there by 9:30.

After she gets to work, she needs to change into her uniform.
Then she starts by checking the shoes she has in stock.
Can you guess what kind of shop she works at?
That's right.
She is a salesperson at a shoe store in the department store.

At 10:30, every salesperson welcomes customers into the store.
Janet has mastered everything about the shoes in the store.
She also understands the trends and customer needs.
So she can answer questions when customers ask.
She can also share her opinions with customers.
Sometimes she reports the trends and the best sellers to the head office. Janet is a shoe expert!
It is important for a salesperson to be friendly and smile all the time.
Janet enjoys talking to the customers and every customer loves her, too.
She was born to be a salesperson.

## Warm up

- Do you like to shop?
- What was the last thing you bought at a department store?
- Do you ever ask salespeople questions? What about?

MP3 & PDF_04

**A** 알맞은 단어의 뜻을 찾아보세요.

salesperson [ ]  guess [ ]  welcome [ ]  expert [ ]  trend [ ]

master [ ]  opinion [ ]  stock [ ]  report [ ]  head office [ ]

① 본사  ② 판매원  ③ 보고하다  ④ 환영하다  ⑤ 재고(품)
⑥ 유행  ⑦ 전문가  ⑧ 완전히 익히다  ⑨ 의견  ⑩ 추측하다

**B** 문제를 읽고 알맞은 답을 찾아보세요.

**1** When does Janet need to get to work?

  **a** 8:30 a.m.  **b** 9:30 a.m.  **c** 10:30 a.m.

**2** What does Janet do first after she gets to her shop?

  **a** change into her uniform  **b** check the stock of shoes  **c** clean the floor

**3** What is NOT true about Janet?

  **a** She understands the trends.

  **b** She can answer questions when customers ask.

  **c** She designs the best seller shoes with the head office.

**4** What isn't important for a salesperson to do?

  **a** smile  **b** ask many questions  **c** be friendly

**C** 다음 이야기를 읽고 빈칸을 채워보세요.

<보기> get  change  trends  mastered  stock  salesperson

| Main Idea | A salesperson in the department store |
|---|---|
| Janet | Janet is a _____ in the department store in town. She needs to _____ there by 9:30. |
| Shoe store | After she gets to work, she needs to _____ into her uniform. Then she checks the _____ of shoes. |
| Shoe expert | Janet has _____ everything about the shoes in the store. She also understands the _____ and customer needs. |

Alan is a barista at the café in town.
Customers love his friendly face and welcoming smile.
He is also very good at making all kinds of beverages.

Out of all the drinks Alan can make, his specialty is latte.
He warms up the milk to the perfect temperature.
It isn't too hot or too cold when he makes a latte.
When he makes tea, he brews the tea perfectly.
The tea doesn't taste too bitter or sharp.
Alan makes great cold beverages, too.
He makes such a smooth and rich iced latte that
many customers finish it quickly and order another.

There's more to being a barista than just making drinks.
Alan sometimes makes simple meals like sandwiches.
He keeps things very clean and neat.
On top of that, he always seems to know exactly
what his customers want.
His coworker says he must be a mind reader.
When you are not sure, ask Alan and he will tell you
what you want,
and you will be very happy with his choice of drink!

## Warm up

- Do you prefer coffee or tea?
- Who likes drinking coffee the most in your family?
- When does he or she usually drink coffee?

MP3 & PDF_05

**A**  알맞은 단어의 뜻을 찾아보세요.

specialty [ ]  beverage [ ]  taste [ ]  order [ ]  temperature [ ]
brew [ ]  bitter [ ]  smooth [ ]  exactly [ ]  welcoming [ ]

① 음료          ② 온도          ③ 주문하다      ④ ~한 맛이 나다    ⑤ 특선 식품
⑥ 정확하게      ⑦ 끓이다        ⑧ (맛이) 쓴     ⑨ 환영하는, 따뜻한   ⑩ 매끄러운

**B**  문제를 읽고 알맞은 답을 찾아보세요.

**1**  Where does Alan work?

　　**a**  at the library　　　　**b**  at the café　　　　**c**  at the flower shop

**2**  What is important when making a latte?

　　**a**  The milk should be at the perfect temperature.

　　**b**  The milk should be very hot.

　　**c**  The milk should be very cold.

**3**  What doesn't Alan do as part of his job?

　　**a**  make simple meals　　　**b**  record complaints　　　**c**  keep things very clean

**4**  Alan knows exactly what his customers want. What is he called?

　　**a**  a mind reader　　　　**b**  a booklover　　　　**c**  a mind map

**C**  다음 이야기를 읽고 빈칸을 채워보세요.

<보기> specialty  temperature  bitter  brews  mind reader  smooth  beverages

| Main Idea | A barista at the café |
|---|---|
| Alan | Alan is a barista. He is good at making all kinds of _____ . |
| Specialty | His _____ is latte. He warms up the milk to the perfect _____ . When he makes tea, he _____ the tea perfectly. |
| Mind reader | He knows exactly what his customers want. He may be a _____ . |

# A Mechanic in the Auto Repair Shop

What do you do when your car breaks down?

You need to get your car towed to an auto repair shop.

Bob is a mechanic in an auto repair shop.

He is very good at fixing all kinds of cars.

When people take their car to the repair shop, Bob usually checks out the mechanical parts first.

He gets in the car and turns on the ignition to start the engine.

He checks the steering wheel and the headlights.

He checks the sound of the engine.

Then, he checks the car battery and the brake oil.

To check the brakes, he goes for a test drive and tries the brakes.

After that, he talks to the car owners about the problems with their cars.

It is important to check each car for safety, and Bob never disappoints his customers.

When your car engine sounds strange, find a mechanic near your home.

Mechanics like Bob will check your car so you can be safe.

## Warm up

- Where do you go when your car breaks down?

- Have you ever been to an auto repair shop?

- What does a mechanic do?

MP3 & PDF_06

**A** 알맞은 단어의 뜻을 찾아보세요.

break down ☐ mechanical ☐ auto repair shop ☐ mechanic ☐ tow ☐
disappoint ☐ fix ☐ part ☐ steering wheel ☐ ignition ☐

① 수리하다    ② 정비공    ③ 고장 나다    ④ 견인하다    ⑤ 자동차 정비소
⑥ 점화 장치    ⑦ 기계로 작동되는    ⑧ 운전대    ⑨ 부품    ⑩ 실망시키다

**B** 문제를 읽고 알맞은 답을 찾아보세요.

**1** When your car breaks down, where should you go?

   **a** an auto repair shop    **b** a grocery store    **c** a convenience store

**2** What does Bob do to start the engine?

   **a** get in the car    **b** check the sound    **c** turn the ignition on

**3** How does Bob check the brakes?

   **a** He goes for a test drive and tries the brakes.

   **b** He checks steering wheel and the headlights.

   **c** He turns the ignition on.

**4** After he checks the sound of the engine, what does he NOT check?

   **a** the car battery    **b** the brake oil    **c** the steering wheel

**C** 다음 문장을 읽고 Bob이 차를 점검하는 방법을 순서대로 번호를 쓰세요.

He checks the car battery and the brake oil.

He checks the steering wheel and the headlights.

He gets in the car and turns on the ignition.

# A Private Music Tutor

Henson is a private music tutor.
He has a studio downtown and teaches guitar.
He usually holds lessons for students there.

With beginners, Henson typically starts by teaching basic skills like how to hold and tune a guitar.
Then he teaches them how to play chords, scales, and melodies. Students gain confidence after a while and learn to play full songs.
Eventually, students can play fingerpicking style and impress their friends.

Henson also has advanced students. He usually focuses on building up their own styles and performances.
He also gives them tips and tricks to prepare them for auditions, recitals, concerts, and exams.

Henson sometimes gets free time.
Then he practices guitar so that he doesn't forget how to play.
He also tries to develop new skills and methods so he can teach them to his students.

Planning and scheduling lessons is not easy.
It is especially difficult to find new students.
But Henson enjoys teaching new musicians and watching them improve.

## Warm up

- Can you play a musical instrument?
- When did you start to learn how to play that instrument?
- Who taught you how to play?

MP3 & PDF_07

**A** 알맞은 단어의 뜻을 찾아보세요.

private ⬜ hold ⬜ after a while ⬜ tune ⬜ chord ⬜
scale ⬜ advanced ⬜ confidence ⬜ impress ⬜ focus on ⬜

① 음을 맞추다      ② 잡다      ③ 얼마 후에      ④ 화음      ⑤ ~에 집중하다
⑥ 깊은 인상을 주다      ⑦ 상급의      ⑧ 전용의      ⑨ 음계      ⑩ 자신감

**B** 문제를 읽고 알맞은 답을 찾아보세요.

**1** Which instrument does Henson teach?

    **a** cello          **b** violin          **c** guitar

**2** According to the story, what does Henson do when he gets free time?

    **a** go to the beach      **b** practice music      **c** hang out with his students

**3** What is NOT true about advanced students?

    **a** Henson teaches them to tune a guitar and play fingerpicking style.

    **b** Henson builds up their own styles and performances.

    **c** Henson gives them tips and tricks to prepare them for auditions.

**4** What is the most difficult thing for Henson to do?

    **a** impress his students      **b** find new students      **c** teach musicians

**C** 다음 문장을 읽고 Henson이 Beginner들을 가르치는 방법을 순서대로 번호를 쓰세요.

He teaches them how to play fingerpicking style.

He teaches them how to play chords, scales, and melodies.

He teaches them how to hold and tune a guitar.

# A Dry Cleaner in the Dry Cleaner's

Maria and Tom run the biggest dry cleaner's in town.

They provide dry cleaning, hand cleaning, and special cleaning.

Maria provides alteration services for things like school uniforms, dresses and even shoes.

Maria handles all the household orders. She cleans and alters shirts, blouses, pants, and skirts.

She also does special cleaning for clothes like formal dresses, designer clothes, and leather jackets and coats.

Tom handles all the commercial orders.

He cleans towels, aprons, duvets, curtains, and carpets for beauty salons, gyms, restaurants, saunas, and hotels in town.

He even offers free shoe repair services for senior residences.

Maria and Tom are very proud of their eco-friendly products and processes. They make sure they provide the healthiest cleaning for their customers' clothes.

They offer free cleaning when customers are not satisfied with their work.

But they have never had to do the free cleaning yet!

Maria and Tom are very kind dry cleaners and they provide one-stop services.

## Warm up

- How many dry cleaner's are there in your town?
- How often does your family go to the dry cleaner's?
- What kind of services do you use at the dry cleaner's?

DRY - CLEANING

Number :
00000123
Date :
29.09.21

MP3 & PDF_08

**A** 알맞은 단어의 뜻을 찾아보세요.

> provide ☐  eco-friendly ☐  apron ☐  process ☐  senior ☐
> commercial ☐  dry cleaner's ☐  satisfy ☐  residence ☐  alter ☐

① 주택         ② 앞치마        ③ 세탁소         ④ 수선하다       ⑤ 제공하다
⑥ 과정         ⑦ 고령의        ⑧ 환경 친화적인    ⑨ 만족시키다     ⑩ 상업용의

**B** 문제를 읽고 알맞은 답을 찾아보세요.

**1** What do Maria and Tom NOT provide at their dry cleaner's?

**a** dry cleaning          **b** alteration services          **c** late-night service

**2** What are Maria and Tom proud of?

**a** cheap prices          **b** eco-friendly products          **c** fast service

**3** What do Maria and Tom offer when you are not satisfied with their work?

**a** free cleaning          **b** free drinks          **c** voucher

**4** What is NOT true about Maria and Tom?

**a** They have the most part-timers in town

**b** They provide one-stop services

**c** They are very kind to customers

**C** 다음 이야기를 읽고 Maria와 Tom의 일을 비교하는 내용에 빈칸을 채워보세요.

> <보기>   offers   household   towels   alters   commercial   special   cleans

| Maria | Tom |
|---|---|
| She handles all the _____ orders. | He handles all the _____ orders. |
| She _____ and _____ shirts, blouses, pants, and skirts. | He cleans _____ , aprons, duvets, curtains, and carpets. |
| She also does _____ cleaning. | He even _____ free shoe repair services for senior residences. |

Do you know how you get your deliveries every day?

Kirk, a delivery man, wakes up very early in the morning.
He drives his truck to the central depot and collects the delivery goods for his area.

Then he comes to his branch office and sorts the packages by the addresses.
He has to plan his routes so he can be efficient.
If he doesn't, he could drive to one area and then have to drive to the opposite side of town next.

Kirk works from early morning until late at night.
Nothing stops him from delivering goods to your door.
Even the weather can't stop him.
Whether it's blazing hot or freezing cold, he never stops.
Even when it rains or snows, you can be sure he will deliver your package to your door.

Kirk once said, "I like apartments with elevators. If they don't have an elevator, it makes my job very difficult."
He added, "But I like my job. It gives me flexible working hours with good earnings."

## Warm up

- Which do you prefer: shopping online or going to the mall?
- What are some benefits of delivery services?
- What are some problems with delivery services?

MP3 & PDF_09

**A** 알맞은 단어의 뜻을 찾아보세요.

address [ ]    opposite [ ]    central [ ]    blazing [ ]    collect [ ]

freezing [ ]    branch office [ ]    depot [ ]    sort [ ]    efficient [ ]

① 창고      ② 주소      ③ 타는 듯이 더운      ④ 수거하다      ⑤ 몹시 추운

⑥ 반대의      ⑦ 효율적인      ⑧ 분류하다      ⑨ 지사      ⑩ 중앙의

**B** 문제를 읽고 알맞은 답을 찾아보세요.

**1** Where does Kirk go in the morning?

   **a** to the head office      **b** to the apartment      **c** to the central depot

**2** Why is it helpful to plan his routes?

   **a** to be efficient      **b** to be energetic      **c** to be friendly

**3** What makes Kirk's job easier?

   **a** stairs      **b** elevators      **c** ladders

**4** Why does Kirk like his job?

   **a** Because he can use time flexibly.

   **b** Because he can enjoy his hobbies.

   **c** Because he can go home right after work.

**C** 다음 이야기를 읽고 빈칸을 채워보세요.

<보기>    routes      stops      collects      depot      sorts      branch

| Main Idea | A delivery man |
|---|---|
| Kirk | He wakes up very early in the morning. He goes to the central _____ and _____ the delivery goods for his area. |
| Branch office | At the _____ office, he _____ the goods by the addresses. He has to plan his _____ so he can be efficient. |
| Weather | He never _____ , even when it's hot or cold. |

Ally is a pharmacist.
Her mom is a pharmacist, too.
Ally thought her mom's job was really cool.
Ally always liked it when her mom helped people live healthier and better lives.
So it's only natural Ally became a pharmacist.

When customers come to the drug store, Ally fills their prescriptions and explains how many times they should take the medicine.
Then she explains what the medicine does and about the side effects, too.
Some are pills, and some are in powder form so you can just swallow them with water.
Some are ointments that you put on your wounds.

A few years ago, Ally started her own YouTube channel.
She explains about different types of medicine.
Her best video was when she talked about "food medicine."
She talked about how some food can be used as medicine.
She gained over a hundred thousand followers with that video alone.
She is a popular pharmacist in town and a popular YouTuber online.

MP3 & PDF_10

**A**  알맞은 단어의 뜻을 찾아보세요.

> medicine ⬚  wound ⬚  pharmacist ⬚  prescription ⬚  explain ⬚
> natural ⬚  side effect ⬚  swallow ⬚  ointment ⬚  drug store ⬚

| | | | | |
|---|---|---|---|---|
| ① 약 | ② 약국 | ③ 약사 | ④ 삼키다 | ⑤ 처방전 |
| ⑥ 상처 | ⑦ 당연한 | ⑧ 설명하다 | ⑨ 연고 | ⑩ 부작용 |

**B**  문제를 읽고 알맞은 답을 찾아보세요.

**1**  What does Ally's mom do?

    **a**  a painter      **b**  a cashier      **c**  a pharmacist

**2**  What does Ally do when customers come to the drug store?

    **a**  fill prescriptions      **b**  give injections      **c**  explain about good food

**3**  What type of medicine do you put on your wounds?

    **a**  pills      **b**  ointment      **c**  jelly

**4**  How did Ally become popular?

    **a**  She started her own YouTube channel.

    **b**  She became a TV talk show host.

    **c**  She made a popular medicine for diet.

**C**  다음 이야기를 읽고 빈칸을 채워보세요.

> <보기>  fills  healthier  take  popular  explains  pharmacists  drug

| Main Idea | A pharmacist in the drug store |
|---|---|
| Ally | Ally and her mom are _____. Ally liked her mom's job because her mom helped people live _____ lives. |
| Drug store | At the _____ store, Ally _____ the prescriptions and explains how many times they should _____ the medicine. |
| YouTuber | Ally has her own YouTube channel and _____ about different types of medicine. She is a _____ pharmacist and YouTuber. |

**A** 일치하는 우리말 뜻을 찾아 쓰세요.

1 curious _____

2 butcher _____

3 manager _____

4 welcome _____

5 beverage _____

6 mechanic _____

7 tutor _____

8 dry cleaner's _____

9 delivery man _____

10 drug store _____

a. 음료

b. 궁금한

c. 정비공

d. 약국

e. 정육점 주인

f. 개인 지도 교사

g. 점장

h. 세탁소

i. 환영하다, 맞이하다

j. 배달부

**B** 반의어를 찾아 연결하세요.

1 unload • • unhappy

2 friendly • • load

3 efficient • • unfriendly

4 senior • • rough

5 smooth • • inefficient

6 happy • • junior

단어를 골라 문장을 완성해보세요.

**1** He (is / are) very proud of his food.

**2** He has worked as a butcher (for / during) nearly 30 years.

**3** She needs (to / into) tell her staff to clean the supermarket.

**4** It is important (on / for) a salesperson to be friendly.

**5** He (warm / warms) up the milk to the perfect temperature.

**6** What do you do (where / when) your car breaks down?

**7** Henson (someone / sometimes) gets free time.

**8** They provide the (healthier / healthiest) cleaning for their customers.

**9** Even (when / after) it rains or snows, you can be sure he will deliver your package to your door.

**10** A few years (ago / before), Ally started her own YouTube channel.

 알맞은 단어를 써서 문장을 완성해보세요.

| early   put   up   from   good   responsibilities   born   in |

**1** They come to the shop _____ in the morning.

**2** She has many roles and _____ .

**3** She was _____ to be a salesperson.

**4** He is also very _____ at making all kinds of beverages.

**5** He gets _____ the car and turns the ignition on.

**6** He usually focuses on building _____ their own styles.

**7** Kirk work _____ early morning until late at night.

**8** Some are ointments that you _____ on your wounds.

Police officers are the people who keep us safe.
We go to them when we experience crimes like theft.

Sam is a police officer in our town.
She patrols the town and responds to emergency calls.
When there is a crime, she interviews suspects, gathers evidence, and takes statements.

There are many units in the police force.
There are the general unit, search team, youth engagement team, and the dog support unit.
Sam works in the general unit and completes different shifts every week.
Some days she works during the day and on other days she works at night.
Sam takes great pride in making her town a safer place.
Her mother is worried about Sam, as being a police officer can be very dangerous, and working an irregular schedule is bad for her health.
Sam tries her best to comfort her mother.
She often calls her mother to let her know she is okay.
She also checks her health through annual health check-ups and makes sure she is in good condition.

## Warm up

- Where should we go when we see a thief?
- What does a police officer do?
- Why is a police officer important to our town?

MP3 & PDF_11

**A** 알맞은 단어의 뜻을 찾아보세요.

evidence ☐  theft ☐  take pride in ☐  emergency ☐  crime ☐
suspect ☐  gather ☐  interview ☐  statement ☐  patrol ☐

① 용의자  ② 면담하다  ③ 모으다  ④ 증거  ⑤ 절도
⑥ 순찰을 돌다  ⑦ ~에 자부심을 느끼다  ⑧ 범죄  ⑨ 진술  ⑩ 위급

**B** 문제를 읽고 알맞은 답을 찾아보세요.

**1** What does Sam NOT do as a police officer?

   **a** patrol around the town    **b** interview suspects    **c** put out fires

**2** What unit does Sam work for in the police force?

   **a** search team    **b** dog support unit    **c** general unit

**3** What is true about Sam's working schedule?

   **a** She only works during the day.    **b** She only works during the night.

   **c** She completes different shifts every week.

**4** How does she comfort her mother?

   **a** She often calls her mother.    **b** She gets home early after work.

   **c** She works out very well to fight against criminals.

**C**  다음 이야기를 읽고 빈칸을 채워보세요.

<보기>  worried  patrols  support  comfort  unit

| Main Idea | A police officer in the police station |
|---|---|
| Sam | She _____ the town and responds to emergency calls. |
| Units | There are the general _____ , search team, youth engagement team, and the dog _____ unit. |
| Mother | Her mother is _____ about Sam, so Sam tries her best to _____ her mother. |

# A Fire Fighter in the Fire Station

Pat works as a fire fighter in town.

She does many things when there is a fire.

She puts out the fire, finds and rescues people, and treats sick or injured people.

She has worked as a fire fighter for over 10 years.

But she still thinks the job is very difficult for her.

In many situations, it's very hard for her to make decisions.

For example, imagine there are two people in the fire.

If you only have time to save one person, who should you save?

Will you choose the person who is less injured, or the one who is more injured?

Can you make the right decision in a situation like that?

Staying fit is also not an easy task for Pat.

Fire fighters must carry people or lift heavy things at times.

The water hose that fire fighters use is very heavy, too.

She has to keep working out and training hard so she can always be ready for an emergency situation.

But she is happy that she can save people.

She believes training will get her ready for anything.

## Warm up

- *What does a fire fighter do?*
- *What is the most difficult part of being a fire fighter?*
- *Why does a fire fighter need to exercise?*

MP3 & PDF_12

**A** 알맞은 단어의 뜻을 찾아보세요.

> fire fighter ☐　　lift ☐　　work out ☐　　injured ☐　　situation ☐
>
> decision ☐　　put out ☐　　hose ☐　　rescue ☐　　at times ☐

① 불을 끄다　　② 소방관　　③ 결정　　④ 부상을 입은　　⑤ 호스

⑥ 운동하다　　⑦ 구조하다　　⑧ 가끔, 때로는　　⑨ 들어 올리다　　⑩ 상황

**B** 문제를 읽고 알맞은 답을 찾아보세요.

**1** What does Pat NOT do as a fire fighter?

　**a** put out the fire　　**b** rescue people　　**c** take care of children

**2** What makes Pat feel that the job is difficult for her?

　**a** making decisions　　**b** treating sick people　　**c** lifting heavy things

**3** How does Pat stay fit?

　**a** by working out　　**b** by saving people　　**c** by carrying heavy things

**4** What is NOT the reason that Pat has to stay fit?

　**a** Fire fighters must carry people or lift heavy things at times.

　**b** The water hose that fire fighters use is very heavy.

　**c** Fire fighters must make the right decision.

**C** 다음 이야기를 읽고 빈칸을 채워보세요.

> <보기>　　training　　puts out　　fire fighter　　decisions　　carry　　difficult

| Main Idea | A fire fighter in the fire station |
| --- | --- |
| Pat | Pat works as a _____ . She _____ the fire, finds and rescues people, and treats sick or injured people. |
| Making decisions | She still thinks the job is very _____ for her. In many situations, it's very hard for her to make _____ . |
| Staying fit | Fire fighters must _____ people or lift heavy things at times. She has to keep working out and _____ hard. |

# Government Employee

Mayors hold the most well-known city hall job.
But city hall requires other workers to help support the city.
Many workers are employed in a variety of departments, such as the department of finance, public works, and disaster and safety management.

Miles works in the disaster and safety management office.
This department works for public safety anytime and anywhere.
They mainly develop disaster response plans and give relief to victims.
They also warn people about natural disasters.
They try to protect people's lives.

One time, it rained a lot and there was a flood in town.
Miles stayed up all night.
He was busy going around the town all night, and checked the flood.
He continuously sent messages to the townspeople about the dangerous areas. He worked through the whole night without resting.
The townspeople like living there and they love Miles. Miles works very hard to make his town a safe place for them.

## Warm up

- Who is a mayor in your city?
- Where does a mayor work?
- What does a mayor do?

MP3 & PDF_13

**A** 알맞은 단어의 뜻을 찾아보세요.

flood ☐    city hall ☐    require ☐    disaster ☐    a variety of ☐

relief ☐    victim ☐    well-known ☐    employ ☐    finance ☐

① 시청    ② 재난    ③ 홍수    ④ 필요하다    ⑤ 재원, 재정

⑥ 피해자    ⑦ 고용하다    ⑧ 잘 알려진    ⑨ 구호, 구호품    ⑩ 여러 가지의

**B** 문제를 읽고 알맞은 답을 찾아보세요.

**1** What does Miles NOT do at work?

   **a** design buildings      **b** warn people about natural disasters

   **c** give relief to victims

**2** Where does Miles work?

   **a** human resource department    **b** disaster and safety management office

   **c** accounting department

**3** What does Miles want his town to be?

   **a** a safe place      **b** a modern place      **c** a famous place

**4** What is NOT true about Miles when there was a flood in town?

   **a** He stayed up all night.    **b** He uploaded pictures on social media.

   **c** He checked the flood.

**C** 다음 문장을 읽고 Miles가 홍수가 일어난 날에 한 일이 맞으면 T, 틀리면 F를 쓰세요.

He was busy going around the town all night, and checked the flood.

He continuously sent messages to the townspeople about the dangerous areas.

He went home as soon as his work finished.

Eric works at Hilltop Elementary School.
He is probably the busiest teacher at Hilltop.
He teaches English during his work hours.
When he is not in class, he writes quizzes and tests, and then marks them. He also advises his students and communicates with their parents.

Eric mainly uses pictures and drawings in class with Grade 1 and Grade 2.  He believes young children learn words better by visualizing them.  From Grade 3 to Grade 6 students, he has them read many books.
He believes reading many books is the best way to learn a language. They can learn the language and culture at the same time.
His students discuss the book and write an essay afterwards.
By doing so, they not only learn vocabulary and grammar but also develop speaking and writing skills as well.

Eric loves his students, and they know it.
He always tries to find the best teaching methods for the students.
As a result, his students and their parents adore him.
Eric certainly is the most popular teacher at Hilltop.

## Warm up

- Who is your favorite teacher?
- Why do you like that teacher?
- What is a special thing about that teacher?

MP3 & PDF_14

**A** 알맞은 단어의 뜻을 찾아보세요.

adore ☐ communicate ☐ visualize ☐ discuss ☐ certainly ☐
mark ☐ grammar ☐ method ☐ advise ☐ at the same time ☐

① 의사소통을 하다   ② 채점하다   ③ 시각화하다        ④ 문법      ⑤ 방법
⑥ 충고하다        ⑦ 동시에    ⑧ 흠모하다, 매우 좋아하다   ⑨ 틀림없이   ⑩ 토론하다

**B** 문제를 읽고 알맞은 답을 찾아보세요.

**1**   What does Eric teach at school?

   **a** history        **b** geography        **c** English

**2**   What does Eric do when he is not in class?

   **a** write essays        **b** take online lectures     **c** advise his students

**3**   What is NOT true about Eric?

   **a** He is probably the busiest teacher at Hilltop.

   **b** He always tries to find the best methods.

   **c** He gives speaking and writing tests to his students.

**4**   What does Eric have grade 4 students do?

   **a** read books        **b** watch movies        **c** sing songs

**C** 다음 이야기를 읽고 빈칸을 채워보세요.

<보기>   pictures   visualizing   culture   read   drawings

| G1 and G2 | G3 to G6 |
| --- | --- |
| Eric mainly uses _____ and _____ in class with G1 and G2. Young children learn words better by _____ them. | He has them _____ many books. It is the best way to learn a language. Students can learn the language and _____ . |

# Unit 15
# An Instructor at the Community Center

Terrie is a 65-year-old lady.

She works as a part-time instructor at the Community Center.

She teaches seniors basic skills for using computers and smartphones.

Students in smartphone class start learning from the basics.

First, they learn how to turn the phone on and off.

Then, they learn how to unlock the phone by drawing a pattern, typing a password, or using their fingerprint.

They also learn how to zoom in with their thumb and index finger. Then, they learn how to call and send text messages.

Finally, they learn how to find, download, and sign up for new applications.

Students in computer class learn how to attach files, in addition to typing, writing and sending emails.

The seniors are eager to learn these skills to reply to their grandchildren's emails.

But learning about basic Internet browsing is the most popular class activity.

They want to learn these skills to read news and buy presents for themselves and their families.

Terrie's classes are excellent classes for the seniors in town. They soon get very interested and want to learn more.

## Warm up

- Do you have a community center in your town?

- What can people learn at the community center?

- Do you ever go to the community center to learn something?

MP3 & PDF_15

**A** 알맞은 단어의 뜻을 찾아보세요.

| zoom in ____ | eager ____ | attach ____ | type ____ | in addition to ____ |
| fingerprint ____ | instructor ____ | sign up ____ | pattern ____ | reply ____ |

① 열렬한　　② 타자 치다　　③ ~에 더하여　　④ 응답하다　　⑤ 가입하다
⑥ 확대하다　　⑦ 지문　　⑧ 첨부하다　　⑨ 모양　　⑩ 강사

**B** 문제를 읽고 알맞은 답을 찾아보세요.

**1** Where does Terrie work?

　**a** a bank　　　　**b** a post office　　　　**c** a community center

**2** What does Terrie NOT teach at the Community Center?

　**a** how to use a smartphone　　　　**b** how to use a camera

　**c** how to use a computer

**3** What is NOT true about Terrie?

　**a** She is a 65-year-old lady.

　**b** Terrie's classes are excellent classes for the seniors.

　**c** She makes students lose interest in learning computer.

**4** What do students want to learn at computer class?

　**a** reading news　　**b** taking a picture　　**c** designing characters

**C** 다음 이야기를 읽고 빈칸을 채워보세요.

| <보기> | attach | turn | emails | zoom | buy | send |

| Smartphone class | Computer class |
| --- | --- |
| **Students can learn how to...** | **Students can learn how to...** |
| • _____ the phone on and off | • _____ files |
| • unlock the phone | • type, write and send _____ |
| • _____ in | • do basic Internet browsing |
| • call and _____ text messages | • read news and _____ presents |

Henson has worked in the town library for 17 years.

He is working as a librarian.

But as the most experienced person, his responsibilities include overseeing personnel.

He trains his assistant librarians all the time.

What does Henson train them to do?

He trains them on how to put the returned books back on the shelves. He also trains them on how to help customers find books. Plus, he trains them on how to provide suggestions about new books.

In addition, Henson trains his assistants on how to create an online database. Easy access to necessary information is important in the library. So he trains them on how to fill out each user's library card information in the computer.

He also trains them on how to catalog new inventory and update the database accordingly.

When Henson is not training, he searches for new reading trends.

He shares his findings and ideas with his aides.

Thanks to his hard work, his library is always lively.

It is always full of new things.

## Warm up

- Where does a librarian work?

- What does a librarian do?

- Do you ever ask a librarian to recommend books for you?

MP3 & PDF_16

**A** 알맞은 단어의 뜻을 찾아보세요.

search for ☐  experienced ☐  oversee ☐  personnel ☐  access ☐
librarian ☐  suggestion ☐  aid ☐  catalog ☐  inventory ☐

① 도움, 조수  ② 사서  ③ 인원  ④ 제안  ⑤ 경력이 있는
⑥ 목록을 작성하다  ⑦ 접근  ⑧ 목록  ⑨ 감독하다  ⑩ ~을 찾다

**B** 문제를 읽고 알맞은 답을 찾아보세요.

**1** What is Henson's job?

  **a** a musician        **b** a writer        **c** a librarian

**2** What does Henson NOT train his assistants on?

  **a** putting the chairs back    **b** suggesting new books    **c** helping find books

**3** What is NOT true about Henson?

  **a** He has worked in the town library for a long time.

  **b** He trains customers to read books.

  **c** He tries to make his library lively.

**4** What does Henson NOT train the assistants on for easy access to information?

  **a** cataloging the inventory    **b** updating the database    **c** making library posters

**C** 다음 문장을 읽고 Henson의 일이 맞으면 T, 틀리면 F를 쓰세요.

He trains his assistants on how to read books.

He trains his assistants on how to create an online database.

He shares his findings and ideas with his aides.

# Train Workers in the Subway

Many jobs are required to maintain the subway system.
They are ticket conductors, subway operators, engineers, and transit cleaners.

David wanted to become a ticket conductor when he was little.
But he changed his mind and became a subway operator.
People used to buy tickets from ticket conductors.
Now they buy tickets at automated ticket machines.

As a subway operator, David operates his subway trains.
He checks the traffic signals and controls the speed of the train.
He stops at the stations on his routes.
He makes announcements and picks up or drops off the passengers.

David takes safety very seriously. He watches closely and assists passengers when they board and exit the train. He also takes the time schedule very seriously.
He closely monitors the amount of time the train is stopped at each station.
He reports any delays to his supervisors to avoid crashing into another train.

David takes great pride in maintaining a safe subway system.
He loves and does his job perfectly.

## Warm up

- How often do you take the subway?
- What are good and bad things about using the subway?
- Do you know who works at the subway?

MP3 & PDF_17

**A** 알맞은 단어의 뜻을 찾아보세요.

maintain ☐  conductor ☐  drop off ☐  delay ☐  crash ☐
pick up ☐  transit ☐  exit ☐  automated ☐  operate ☐

① 안내원　　② 유지하다　　③ 운행하다　　④ 교통 체계　　⑤ 태우다
⑥ 내려주다　　⑦ 자동화된　　⑧ 나가다　　⑨ 충돌하다　　⑩ 지연

**B** 문제를 읽고 알맞은 답을 찾아보세요.

**1** What is NOT a subway job?

   **a** ticket conductors　　**b** transit cleaners　　**c** pilots

**2** Where do people usually buy tickets now?

   **a** automated ticket machines　　**b** box offices　　**c** photo booths

**3** What is NOT true about David as a subway operator?

   **a** He decides the time schedule for his route.

   **b** He stops at the stations on the routes.

   **c** He makes announcements while he operates the train.

**4** Why does David report to his supervisors when there are any delays?

   **a** to avoid crashing into another train　　**b** to stop at the station

   **c** to control the speed of the train

**C** 다음 이야기를 읽고 빈칸을 채워보세요.

<보기>　signals　controls　safe　operator　picks up　pride

| Main Idea | Train workers in the subway |
|---|---|
| David | David became a subway _____ . |
| Operator | He operates his subway vehicles, checks the traffic _____ , and _____ the speed of the train. He _____ or drops off the passengers. |
| Safety | He takes _____ in maintaining a _____ subway system. |

# Unit 18 Postal Workers in the Post Office

Postal workers have a variety of duties.

Some people specialize in collecting and sorting.

Others specialize in delivering.

Jake works in the collecting and sorting section.

He does his rounds to collect mail and parcels.

After he returns to his post office, he sorts the mail and parcels by postal code.

Without people like Jake, our mail will get delivered to the wrong address.

Michael works in the delivery section.

He picks up piles of sorted parcels and loads them up in his truck.

He gets in the truck and does his deliveries.

Michael does not deliver mail or documents.

Some mail and documents are registered or insured so mail carriers handle those items.

They must get the receivers' signatures for them.

Most people in town do not know how they get their deliveries.

People like Jake and Michael are the people who work hard behind the scenes.

Without them, it wouldn't be so easy to get our mail and parcels.

## Warm up

- Who are postal workers?
- How do you get your mail or parcels?
- How do you send your mail or parcels?

**A** 알맞은 단어의 뜻을 찾아보세요.

| | | |
|---|---|---|
| postal worker ☐ | duty ☐ | wrong ☐ | parcel ☐ | document ☐ |
| register ☐ | insure ☐ | pile ☐ | receiver ☐ | signature ☐ |

① 직무 ② 틀린 ③ 서류 ④ 소포 ⑤ 기재하다

⑥ 보험에 들다 ⑦ 서명 ⑧ 수취인 ⑨ 더미 ⑩ 우체국 직원

**B** 문제를 읽고 알맞은 답을 찾아보세요.

**1** What is NOT duty of postal workers?

   **a** collecting       **b** sorting       **c** calculating

**2** How does Jake sort the mail and parcels?

   **a** by postal code       **b** by telephone number       **c** by address

**3** What does Michael NOT do in the delivery section?

   **a** pick up some parcels       **b** load them up in the truck       **c** deliver mail

**4** What is NOT true about Michael's job?

   **a** He drives his truck to do his deliveries.

   **b** He gets on the bike and does his delivery.

   **c** Michael does not deliver mail or documents.

**C** 다음 이야기를 읽고 Jake와 Michael의 일을 비교하는 내용에 빈칸을 채워보세요.

<보기>    registered    collect    sorts    loads    picks    carriers

| Jake in collecting & sorting section | Michael in delivery section |
|---|---|
| He does his rounds to _____ mail and parcels. He _____ the mail and parcels by postal code. | He _____ up piles of sorted parcels and _____ them up in his truck. Some mail and documents are _____ or insured so mail _____ handle those items. |

# Soldiers in the Army

Mike, Michelle, and Mark are from a military family.

Their parents are members of the military.

They all reside on a military base.

Mike is a sergeant in the army.

He specializes in weapons like rifles and handguns.

He leads a four-soldier team.

He and his team are trained to fight in combat on land.

Michelle is in the navy.

The navy has special warships like submarines and aircraft carriers.

She is on one of the aircraft carriers.

But she wants to be on a submarine.

She thinks going under the sea is the coolest thing for a navy officer.

Mark is in the air force.

He is a pilot of a jet airplane.

He observes the enemy's activities.

He flies his jet to gather information about possible battlefields and targets.

They all protect the country in different ways.

Thanks to them, people can have safe and comfortable lives at home.

## Warm up

- What do soldiers do?
- Why are soldiers important in our society?
- What is difference between the navy and the air force?

MP3 & PDF_19

**A** 알맞은 단어의 뜻을 찾아보세요.

| military ⬚ | enemy ⬚ | weapon ⬚ | sergeant ⬚ | combat ⬚ |
| warship ⬚ | submarine ⬚ | lead ⬚ | reside ⬚ | battlefield ⬚ |

① 이끌다　　② 전투　　③ 군함　　④ 잠수함　　⑤ 군사의
⑥ 거주하다　⑦ 병장　　⑧ 적　　⑨ 전쟁터　　⑩ 무기

**B** 문제를 읽고 알맞은 답을 찾아보세요.

**1** Where do Mike, Michelle, and Mark reside?

　**a** a secret place　**b** an underground base　**c** a military base

**2** What does Mike specialize in?

　**a** military action　**b** information gathering　**c** weapons

**3** Why does Michelle want to be on a submarine?

　**a** Because going under the sea is the coolest thing.

　**b** Because riding on a submarine is easy and comfortable.

　**c** Because going under the sea is very safe.

**4** How does Mark gather information?

　**a** by submarine　**b** by tank　**c** by jet

**C** 다음 이야기를 읽고 빈칸을 채워보세요.

| <보기> | force | weapons | aircraft | submarine | gather | combat |

| Main Idea | Soldiers in the army |
|---|---|
| Mike | Mike is in the army. He specializes in _____ . He and his team are trained to fight in _____ on land. |
| Michelle | Michelle is in the navy. She is on one of the _____ carriers. But she wants to be on a _____ . |
| Mark | Mark is in the air _____ . He flies his jet to _____ information. |

Have you ever seen a courtroom on TV?

Do you remember seeing someone holding a small hammer in a black gown?

They are called judges and they are the decision-makers in court.

Julie is a judge. People go to her when there is a dispute.

She maintains social justice by making fair decisions.

How does Julie do it?

She hears the arguments of both parties and their witnesses.

Sometimes, she listens and asks questions to the witnesses.

Then she looks closely at the evidence of the case and assesses all the facts.

She finally issues a ruling on the matter in accordance with her interpretation of the law.

Her decision is final, but it is possible to appeal if one of the two parties cannot accept the ruling.

Julie tries her best to be fair in court.

She knows serving justice isn't always black and white.

So she frequently researches laws when she is not in the courtroom.

Julie has always served and will continue to serve justice to the town and the people.

## Warm up

- What does a judge do?
- When do people go to court?
- Why is a judge important to our society?

MP3 & PDF_20

**A** 알맞은 단어의 뜻을 찾아보세요.

| dispute | courtroom | judge | justice | fair |
| witness | court | interpretation | appeal | ruling |

① 판결      ② 판사      ③ 법정      ④ 분쟁      ⑤ 정의
⑥ 법원      ⑦ 증인      ⑧ 공정한      ⑨ 해석      ⑩ 항소하다

**B** 문제를 읽고 알맞은 답을 찾아보세요.

**1** What is the person who holds a small hammer in the courtroom called?

     **a** a judge      **b** a lawyer      **c** a prosecutor

**2** What does Julie NOT do in the courtroom?

     **a** hear the arguments    **b** issue a ruling    **c** defend the accused

**3** What will one of the two parties do if they cannot accept the ruling?

     **a** dispute      **b** appeal      **c** protest

**4** What does Julie do when she is not in the courtroom?

     **a** She listens and asks questions to the witnesses.

     **b** She frequently researches laws.

     **c** She meets the witnesses in person.

**C** 다음 이야기를 읽고 빈칸을 채워보세요.

| <보기> | evidence    assesses    judge    justice    serve    arguments |

| Main Idea | Judges in the court |
|---|---|
| Julie | Julie is the _____ . She maintains social _____ . |
| Doing 1 | She hears the _____ of both parties. Then she looks closely at the _____ of the case and _____ all the facts. She finally issues a ruling. |
| Doing 2 | She tries her best to be fair in court. She has always served and will continue to _____ justice to the town. |

**A** 일치하는 우리말 뜻을 찾아 쓰세요.

1  evidence  _____

2  injured  _____

3  disaster  _____

4  discuss  _____

5  zoom in  _____

6  librarian  _____

7  maintain  _____

8  signature  _____

9  reside  _____

10 appeal  _____

a. 재난

b. 부상을 입은

c. 사서

d. 유지하다

e. 서명

f. 증거

g. 거주하다

h. 토론하다

i. 항소하다

j. 확대하다

**B** 반의어를 찾아 연결하세요.

1  lead  •                    •  drop off

2  pick up  •                 •  make a fire

3  put out a fire  •          •  follow

4  employ  •                  •  enter

5  exit  •                    •  unfair

6  fair  •                    •  fire

**C** 단어를 골라 문장을 완성해보세요.

1  Police officers are the people (which / who) keep us safe.

2  She has worked as a fire fighter (during / for) over 10 years.

3  The townspeople like (living / lived) there and they love Miles.

4  They not only learn grammar (but / and) also develop writing skills.

5  First, they learn (how / where) to turn the phone on and off.

6  He (train / trains) his assistant librarians all the time.

7  People (used / would) to buy tickets from ticket conductors.

8  (With / Without) people like Jake, our mail will get delivered to the wrong address.

9  Mike, Michelle, and Mark are (from / with) a military family.

10  People go to her (what / when) there is a dispute.

**D** 알맞은 단어를 써서 문장을 완성해보세요.

| pride  stops  same  for  eager  in  puts  stayed |
|---|

1  Sam takes great _____ in making her town a safer place.

2  She _____ out the fire, finds and rescues people.

3  Miles _____ up all night.

4  They can learn the language and culture at the _____ time.

5  The seniors are _____ to learn these skills to reply to their grandchildren's emails.

6  When Henson is not training, he searches _____ new trends.

7  He _____ at the stations on his routes.

8  Some people specialize _____ collecting and sorting.

Ted is an architect. He built a special building in his town.
What makes his building so special?
It is a 120-story skyscraper and the landmark of the town.

There are many facilities in the building.
The area from the ground floor to the 6th floor contains the largest shopping center in town. The cinema and an arcade are on the 7th and 8th floors. From the 9th to the 30th, there are offices, and the rest are residential floors.

The building is also special because it is eco-friendly.
He used green insulation which is made of old denim and newspaper. It is also energy efficient.
He covered the whole building with glass.
It works as solar panels and absorbs sunlight to be used for heating and electricity.
In fact, 40% of the electricity comes from this solar power system.

Ted is so proud of this building.
But he wants more intelligent and personalized systems. He is working to be more innovative.
He wants to include more science and individuality in his architecture.

## Warm up

- What kind of building do you like the most?
- What does an architect do?
- What is your favorite building in your town?

MP3 & PDF_21

**A** 알맞은 단어의 뜻을 찾아보세요.

facility ☐ solar ☐ architect ☐ intelligent ☐ personalized ☐
residential ☐ contain ☐ absorb ☐ innovative ☐ individuality ☐

① 지능형의      ② 개성, 특성      ③ 혁신적인      ④ 개인 맞춤형의      ⑤ 건축가
⑥ 시설      ⑦ 주택지의      ⑧ 태양열을 이용한      ⑨ 흡수하다      ⑩ 들어 있다

**B** 문제를 읽고 알맞은 답을 찾아보세요.

**1** What does Ted do for a living?

  **a** an artist      **b** an engineer      **c** an architect

**2** What makes his building so special?

  **a** beautiful glass      **b** a 120-story skyscraper      **c** a luxurious hotel

**3** What is NOT true about the building?

  **a** luxurious      **b** eco-friendly      **c** energy efficient

**4** How does the building get 40% of its electricity?

  **a** Ted used wind turbines which make electricity.

  **b** Ted used glass which works as solar panels.

  **c** Ted used green insulation which is made of old denim and newspaper.

**C** 다음 이야기를 읽고 빈칸을 채워보세요.

<보기>    skyscraper    architect    eco-friendly    residential    efficient

| Main Idea | Skyscrapers of the city |
|---|---|
| Ted | Ted is an _____ . He built a special building in his town. It is a 120-story _____ and the landmark of the town. |
| Feature 1 | The building has the largest shopping center in town, a cinema, an arcade, offices, and a _____ area. |
| Feature 2 | The building is _____ and energy _____ . |

Alex just moved to a city because of his new job.
He did not know about the three different types of city roads.
After commuting to work on foot for a few months, he eventually learned them.

All roads are essentially the same in that they connect two points. But there are small differences between a boulevard, an avenue, and a street.
A boulevard is a wide city road.
It has trees on both sides and a median in the middle.
It usually connects a city to another city, and it leads to many smaller roads like lanes.
An avenue is a straight road that has buildings on both sides.
It usually runs from north to south in a town or city.
This is the opposite of a street, which is usually narrower than an avenue.
Streets run from east to west.

Alex learned that a city road system is made like a grid for convenience and movement.
It provides a walkable street network.
It helps him navigate and get to places easily.
He never has to ask anyone for directions anymore.

MP3 & PDF_22

## Warm up

- What kinds of roads do you have in your town?

- How often do you walk around your neighborhood?

- What do you do when you don't know how to get to your destination?

**A** 알맞은 단어의 뜻을 찾아보세요.

lane [ ]   connect [ ]   Boulevard [ ]   avenue [ ]   median [ ]
eventually [ ]   narrow [ ]   grid [ ]   walkable [ ]   navigate [ ]

① 연결하다   ② 결국   ③ 걸어서 갈 수 있는   ④ 격자판   ⑤ 길을 찾다
⑥ 대로   ⑦ 거리   ⑧ 중앙분리대   ⑨ (좁은) 길   ⑩ 좁은

**B** 문제를 읽고 알맞은 답을 찾아보세요.

**1** What made Alex move to a city?

**a** his new job          **b** his children          **c** his parents

**2** What connects a city to another city?

**a** a boulevard          **b** an avenue          **c** a lane

**3** What runs from east to west?

**a** a path          **b** a street          **c** a grid

**4** What did Alex NOT learn about the city road system?

**a** It provides a walkable street network.

**b** It helps him navigate.

**c** It makes him ask people for directions easily.

**C** 다음 이야기를 읽고 비교하는 내용에 빈칸을 채워보세요.

<보기>   straight   narrower   north   median   connects   west

| Boulevard | It is a wide city road. It has trees on both sides and a _____ in the middle. It usually _____ a city to another city. |
|---|---|
| Avenue | It is a _____ road that has buildings on both sides. It usually runs from _____ to south. |
| Street | It is usually _____ than an avenue. It runs from east to _____ . |

# Suspension Bridges

Tom works at a construction company.

His company has built many bridges in the city.

Millions of cars and people cross them every day.

A bridge often provides a quicker and easier way to travel from A to B.

People can just cross the bridge instead of going around.

Some bridges can be short and some bridges are very long.

In fact, Tom's company built the longest bridge in the country.

It connects the city to the airport.

Do you know what type of bridge it is?

It is a suspension bridge.

Suspension bridges can span long distances.

Basically, they use cables to suspend the roadway between two tall towers.

The main cables hang between the towers and smaller cables hang from the main cables.

The smaller ones hold up the roadway.

Suspension bridges are strong, so they can support many people, cars, and trains.

They allow them to cross rivers and roads safely.

## Warm up

- How often do you use a bridge?
- What are bridges made of?
- What is the longest bridge in your country?

MP3 & PDF_23

**A** 알맞은 단어의 뜻을 찾아보세요.

construction [　]　distance [　]　cross [　]　suspension bridge [　]　span [　]
suspend [　]　roadway [　]　go around [　]　instead of [　]　hold up [　]

① 돌아가다　　② 매달다　　③ 도로　　④ 건설　　⑤ 거리
⑥ 걸치다　　⑦ 추켜들다　　⑧ ~ 대신에　　⑨ 건너다　　⑩ 현수교

**B** 문제를 읽고 알맞은 답을 찾아보세요.

**1** Where does Tom work?

   **a** a train company　　**b** a construction company　　**c** an electric company

**2** What does a bridge provide when travelling from A to B?

   **a** a long and hard way　　**b** a quicker and easier way　　**c** a slow and tough way

**3** What connects the city to the airport in the story?

   **a** the bridge　　**b** the highway　　**c** the railroad

**4** What is NOT true about suspension bridges?

   **a** They can span a long distance.

   **b** They use cables to suspend the roadway between two tall towers.

   **c** They can connect the rivers to the roads.

**C** 다음 이야기를 읽고 빈칸을 채워보세요.

<보기>　suspend　construction　provides　span　longest　bridges

| Main Idea | Suspension bridges |
|---|---|
| Tom | He works at a _____ company. His company has built many _____ in the city. |
| Bridge | A bridge often _____ a quicker and easier way. In fact, Tom's company built the _____ bridge in the country. |
| Suspension bridge | It can _____ a long distance. The suspension bridges use cables to _____ the roadway between two tall towers. |

Allen is a truck driver.

He frequently uses expressways.

Expressways are usually the quickest route for driving between cities.

They're wide and have high speed limits so they decrease his travel time.

Unlike bus drivers, Allen sometimes faces traffic jams.

When too many cars travel along an expressway, traffic slows down.

Buses that have a given number of people in them can use special lanes and keep driving at high speeds.

Truck drivers like him have to wait in a long line of vehicles on the road.

However, Allen still likes using expressways.

The roads are numbered to make it easy to tell them apart.

If he follows the signs correctly, he can reach his destination with less chance of getting lost.

It also helps save petrol.

He can save money on fuel because the distance between the cities is decreased.

This helps lower the vehicle operation costs.

MP3 & PDF_24

**A** 알맞은 단어의 뜻을 찾아보세요.

expressway ☐   decrease ☐   unlike ☐   face ☐   traffic jam ☐
slow down ☐   destination ☐   frequently ☐   fuel cost ☐   petrol ☐

① 휘발유     ② 목적지     ③ 자주     ④ 연료비     ⑤ 고속도로
⑥ 줄다       ⑦ ~와 다른   ⑧ 직면하다  ⑨ 교통 체증  ⑩ 감속하다

**B** 문제를 읽고 알맞은 답을 찾아보세요.

**1** What does Allen often use?

a expressways       b railroads       c canals

**2** What will happen when too many cars travel along an expressway?

a Traffic speeds up.   b Traffic slows down.   c Traffic moves well.

**3** What can use special lanes when there is a traffic jam?

a trucks             b cars             c buses

**4** Why does Allen like to use expressways?

a They helps increase his travel time.       b There are huge traffic jams.

c The roads are numbered to make it easy to tell them apart.

**C** 다음 이야기를 읽고 빈칸을 채워보세요.

<보기>   lower   quickest   tell   traffic   lanes   destination   expressways

| Main Idea | Functions of expressways |
|---|---|
| Allen | Allen frequently uses _____ . Expressways are usually the _____ route for driving between cities. |
| Expressways 1 | Unlike bus drivers, Allen sometimes faces _____ jams. Buses can use special _____ and keep driving at high speeds. |
| Expressways 2 | The roads are numbered to make it easy to _____ them apart. He can reach his _____ with less chance of getting lost and _____ the vehicle operation costs. |

**59**

Emma is a married woman in her 40's.

Her family recently moved to a new city.

Emma loves living in the new city because there are many parks nearby.

She believes open spaces are important for the quality of her life.

Emma's favorite park is Saint John's Park.

The park is very near her house.

It has paved paths, benches, and exercise equipment.

It provides great health benefits to her family.

There is also a small lake in the center.

Sometimes Emma and her family ride bikes or jog around it.

Emma especially likes the café on a small hill in the park.

She goes to the café with her husband on the weekend.

She is a mother of a 5-year-old boy and two old dogs.

She socializes with her neighbors while her son plays with the other kids.

She walks the two old dogs while her husband takes an outdoor yoga class.

The quality of Emma's family life has improved a lot since they moved to the new city.

Having parks nearby has made everyone very happy.

## Warm up

- How many parks do you have in your town?

- How often do you go to the park?

- What do parks provide to people?

MP3 & PDF_25

**A** 알맞은 단어의 뜻을 찾아보세요.

> married [ ]   nearby [ ]   quality [ ]   path [ ]   equipment [ ]
> pave [ ]   ride [ ]   socialize [ ]   improve [ ]   take a class [ ]

① (길을) 포장하다   ② 장비   ③ 타다   ④ 길   ⑤ 수강하다
⑥ 기혼의   ⑦ 인근에   ⑧ 개선되다   ⑨ 어울리다   ⑩ 질

**B** 문제를 읽고 알맞은 답을 찾아보세요.

**1** Where did Emma recently move to?

   **a** the country   **b** a new city   **c** the seaside

**2** Why does Emma love living in the new place?

   **a** because of parks   **b** because of theaters   **c** because of museums

**3** What is in the center of the park?

   **a** a path   **b** a lake   **c** an equipment

**4** What does Emma NOT do when she goes to the park?

   **a** She goes to the café with her husband.

   **b** She socializes with her neighbors.

   **c** She takes an outdoor yoga class.

**C** 다음 이야기를 읽고 빈칸을 채워보세요.

> <보기>   lake   socializes   married   living   paved   walks

| Main Idea | Parks in the city |
|---|---|
| Emma | Emma is a _____ woman in her 40's. Her family recently moved to a new city, and she loves _____ in the new city. |
| Park | Saint John's Park has _____ paths, benches, and exercise equipment. There is also a small _____ in the center. |
| Doing | Emma goes to the café with her husband on the weekend. She _____ with her neighbors and _____ her two old dogs. |

Tim has just arrived at the airport.
As you can expect, he will be busy for the next few hours.

First, he will go to the terminal to get his boarding pass and check in his luggage.
Then he will go through the security check.
They will check all his belongings as well as his body.
Then he will go through immigration.
An officer will check his passport before he goes to the gate area.
At the gate area, he will go past many duty-free shops and buy gifts for his family.

After shopping, Tim will finally get to the gate, and he will look for electrical outlets. He will plug his notebook into the outlet and do some homework. Then he will line up to go down to the jet bridge to board.
After he boards the plane, he will look for his seat in the cabin.
He will sit in his seat as he listens to the information about his flight schedule.

It is Tim's first visit to the airport alone.
It won't always be easy, but he is prepared to navigate the airport all by himself.

## Warm up

- When was the last time you went to the airport?
- What do you have to do before you get on a plane?
- What is the advantage of taking an airplane?

MP3 & PDF_26

**A** 알맞은 단어의 뜻을 찾아보세요.

| arrive at ☐ | expect ☐ | line up ☐ | check in ☐ | security ☐ |
| belongings ☐ | immigration ☐ | go past ☐ | duty-free ☐ | luggage ☐ |

① 예상하다      ② 면세의      ③ 지나가다      ④ 수하물      ⑤ 줄을 서다

⑥ 탑승수속을 하다      ⑦ 보안      ⑧ 소지품      ⑨ 출입국 관리소      ⑩ ~에 도착하다

**B** 문제를 읽고 알맞은 답을 찾아보세요.

**1** Where will Tim go first when he arrives at the airport?

     **a** a security check      **b** a terminal      **c** an airport lounge

**2** What do they NOT check in the security check?

     **a** his schedule      **b** his body      **c** his belongings

**3** What is NOT true about Tim?

     **a** He will buy gifts for his family at the duty-free shop.

     **b** He will do some homework before he boards the plane.

     **c** He will navigate the airport with his family.

**4** What will an officer check at immigration?

     **a** ID card      **b** credit card      **c** passport

**C** 다음 문장을 읽고 Tim의 탑승 수속 방법을 순서대로 번호를 쓰세요.

He will go to immigration. An officer will check his passport.

He will go through the security check. They will check all his belongings.

He will go to the terminal to get his boarding pass and check in his luggage.

# Unit 27 Stadium Facilities

John works at the soccer stadium.

It was originally a sports complex.

People could see various sports there.

Now, people use it mainly for soccer games.

The stadium is massive and has a circular shape.

There are more than 10,000 seats.

There are four entrances at each side, east, west, north, and south, so many people can go in at the same time.

There are various facilities at each entrance for people's convenience.

The facilities include toilets, ramps for wheelchair users, and braille paving blocks for blind people.

John is a general manager at the stadium.

He is responsible for overall service and ensures the safety of the guests.

He supervises the workers and inspects their work.

He manages all the electronic displays and the lighting.

He maintains the quality of the field and it is very important.

To keep the lawn quality at the optimum level, he regularly gets the lawn mowed.

He checks the safety of the fence around the stadium, too.

Thanks to John, people in the town can use the stadium safely.

## Warm up

- When did you last go to a stadium?
- Why did you go to the stadium?
- What facilities can you see in the stadium?

MP3 & PDF_27

**A** 알맞은 단어의 뜻을 찾아보세요.

> various ☐  massive ☐  circular ☐  entrance ☐  convenience ☐
>
> include ☐  mow ☐  ensure ☐  supervise ☐  inspect ☐

① 보장하다  ② 포함하다  ③ 거대한  ④ 깎다  ⑤ 원형의
⑥ 다양한  ⑦ 입구  ⑧ 감독하다  ⑨ 점검하다  ⑩ 편의

**B** 문제를 읽고 알맞은 답을 찾아보세요.

**1** Where does John work?

  **a** a press center     **b** an art museum     **c** a soccer stadium

**2** How many seats are there in the stadium?

  **a** about 1,000 seats     **b** about 10,000 seats     **c** about 100,000 seats

**3** What are NOT part of the facilities in the stadium?

  **a** ramps     **b** health spas     **c** braille paving blocks

**4** What is NOT true about John's role as a general manager?

  **a** He supervises the workers and inspects their work.

  **b** He manages all the electronic displays and the lighting.

  **c** He checks the length of the fence around the stadium.

**C** 다음 이야기를 읽고 빈칸을 채워보세요.

> <보기>  complex  stadium  manager  massive  ensures  seats

| Main Idea | Stadium facilities |
|---|---|
| John | John works at the soccer _____ . It was a sports _____ but now people use it mainly for soccer games. |
| Stadium | The stadium is _____ and has a circular shape. There are more than 10,000 _____ . |
| John's role | John is a general _____ . He is responsible for overall service and _____ the safety of the guests. |

People visit clinics for simple illnesses like a cold or a stomachache.

But those with acute illnesses go to the general hospital.

General hospitals are different from clinics in size and function.

They have many departments in them and offer specialized treatments for serious illnesses.

Sally works in pediatrics at the general hospital.

If a child has a serious illness, then they need to go there.

There are many critical patients in her pediatric department.

But her hospital is well equipped for diagnosis and treatment of disease.

Sometimes mothers can give birth too early.

In her hospital, there is a nursery for premature infants as well.

Doctors there can perform high-level surgeries.

At times, helicopters come to Sally's hospital to transfer organs for transplants.

Everybody is on alert when it happens.

Sally is proud to be a member of her hospital.

People in every department deal with life and death cases every day.

They always work hard as a team to save lives.

## Warm up

- When you have a simple illness, where do you go?

- Do you ever go to the general hospital?

- What kind of facilities do you see in the hospital?

MP3 & PDF_28

**A** 알맞은 단어의 뜻을 찾아보세요.

general hospital ☐  function ☐  serious ☐  acute ☐  critical ☐
give birth ☐  organ ☐  diagnosis ☐  transfer ☐  transplant ☐

① 급성의       ② 이식하다      ③ 옮기다       ④ 진단       ⑤ 이식하다
⑥ 기능         ⑦ 출산하다      ⑧ 심각한       ⑨ 장기       ⑩ 종합병원

**B** 문제를 읽고 알맞은 답을 찾아보세요.

**1** Where do people need to go to when they have simple illnesses?

  **a** a general hospital     **b** a clinic          **c** a dental clinic

**2** Where does Sally work at the hospital?

  **a** the emergency room   **b** pediatrics         **c** the surgery department

**3** Who goes to see Sally?

  **a** a woman with a cold   **b** a man with a fever   **c** a child with a serious illness

**4** What is NOT true about Sally's hospital?

  **a** Her hospital's equipment is too old for high-level surgeries.

  **b** There is a nursery for premature infants.

  **c** Helicopters come to Sally's hospital to transfer organs for transplants.

**C** 다음 이야기를 읽고 빈칸을 채워보세요.

<보기>  equipped   general   pediatrics   clinics   disease   serious

| General hospital | People with acute illnesses go to _____ hospitals. They are different from _____ in size and function. |
|---|---|
| Sally | Sally works in _____ at the general hospital. If a child has a _____ illness, then they need to go there. |
| Sally's hospital | It is well _____ for diagnosis and treatment of _____. There is a nursery for premature infants as well. |

A tunnel is basically a tube that goes through soil, stone, or water.

There are many types of tunnels.

There are mining tunnels and public works tunnels like sewage and gas lines.

Then there are transportation tunnels like canals and subway tunnels.

Thomas is a civil engineer.

He works in tunnel construction.

He says constructing a tunnel is incredibly complex.

He explains that to build a tunnel, they should analyze the rock and soil first.

They should also select the location.

Then they can use different methods to excavate the tunnel.

Manual labor, explosives, and tunneling machinery are used.

They try to make the ideal shape, which is a continuous arch.

Engineers use this shape because it can stand the tremendous pressure from all sides.

Thomas adds that people continue to invent new technologies and tools. With them, they will be able to build longer and bigger tunnels.

## Warm up

- Do you ever go through a tunnel?

- What does a tunnel look like?

- Where does a tunnel go through?

MP3 & PDF_29

**A** 알맞은 단어의 뜻을 찾아보세요.

soil ☐  civil engineer ☐  mine ☐  analyze ☐  select ☐
sewage ☐  explosive ☐  excavate ☐  pressure ☐  invent ☐

① 발명하다   ② 폭발물   ③ (구멍 등을) 파다   ④ 토목 기사   ⑤ 흙
⑥ 채굴하다   ⑦ 분석하다   ⑧ 선택하다   ⑨ 하수구   ⑩ 압력

**B** 문제를 읽고 알맞은 답을 찾아보세요.

**1** What does a tunnel NOT go through?

 **a** soil   **b** forest   **c** water

**2** What does Thomas do for a living?

 **a** a civil servant   **b** a civil surgeon   **c** a civil engineer

**3** What is NOT true about tunnels?

 **a** Constructing transportation tunnels is not complex.

 **b** There are mining tunnels, public works tunnels, and subway tunnels.

 **c** Manual labor, explosives, and tunneling machinery are used to make them.

**4** What is the ideal shape for tunnels?

 **a** an arch   **b** a rectangle   **c** a triangle

**C** 다음 문장을 읽고 터널 건설과 관련하여 사실인 것은 T, 거짓인 것은 F를 쓰세요.

They should analyze the rock and soil first.

They try to make the ideal shape, which is a continuous arch.

They use economic methods to excavate the tunnel.

Have you ever seen a dam in your country?
A dam is a structure built across a stream or river to hold water back.

Henry works at the biggest dam in the country and does various jobs. One of them is flood control.
He regulates the dam to control floods. When it rains heavily, the water level in the river rises. Then he closes the dam so he can store excess water. This way, he can prevent floods.

Second is energy generation.
He regulates the dam to get electricity from water. He releases water by opening the gate of the dam. Then the water flows through a turbine propeller and spins it.
It activates a generator to produce electricity.

Third is water supply.
He regulates the dam to hold enough water for various uses. The water can be used for farming, industry, and household use.
It also can be used for fishing, boating, and other leisure activities.

## Warm up

- Where can you see a dam?
- What is the purpose of building a dam?
- Why are dams important to us?

MP3 & PDF_30

**A** 알맞은 단어의 뜻을 찾아보세요.

| excess ⬚ | regulate ⬚ | heavily ⬚ | rise ⬚ | prevent ⬚ |
| release ⬚ | spin ⬚ | activate ⬚ | supply ⬚ | household ⬚ |

① 가정용의    ② 돌다    ③ 초과한    ④ 공급하다    ⑤ 방류하다
⑥ 조절하다    ⑦ 오르다    ⑧ 작동시키다    ⑨ 심하게    ⑩ 막다

**B** 문제를 읽고 알맞은 답을 찾아보세요.

**1** Where does Henry work?

    **a** a tower        **b** a dam        **c** a lighthouse

**2** How does Henry prevent floods when it rains heavily?

    **a** clean the dam    **b** open the dam    **c** close the dam

**3** What is NOT true about getting electricity from water?

    **a** Henry releases water by opening the gate of the dam.

    **b** Henry closes the dam so he can store excess water.

    **c** Henry lets the water flow through a turbine propeller and spin it.

**4** What can water supply NOT be used for?

    **a** farming        **b** flooding        **c** leisure activities

**C** 다음 이야기를 읽고 빈칸을 채워보세요.

| <보기> | prevent | farming | household | activates | regulates | flows |

| Main Idea | Roles of dams |
|---|---|
| Flood control | Henry _____ the dam to control floods. He closes the dam so he can _____ the floods. |
| Energy generation | The water _____ through a turbine propeller and spins it. It _____ a generator to produce electricity. |
| Water supply | The water can be used for _____ , industry, and _____ use. |

**A** 일치하는 우리말 뜻을 찾아 쓰세요.

1 architect _____

2 connect _____

3 cross _____

4 general hospital _____

5 analyze _____

6 immigration _____

7 socialize _____

8 regulate _____

9 slow down _____

10 inspect _____

a. 연결하다

b. 감속하다

c. 종합병원

d. 건축가

e. 점검하다

f. 조절하다

g. 건너다

h. 어울리다

i. 분석하다

j. 출입국 관리소

**B** 반의어를 찾아 연결하세요.

1 activate •          • tiny

2 massive •          • inactivate

3 decrease •          • leave

4 arrive •          • simple

5 complex •          • disconnect

6 connect •          • increase

단어를 골라 문장을 완성해보세요.

**1** The cinema and an arcade are (in / on) the 7th and 8th floors.

**2** But there are small difference (between / among) a boulevard, an avenue, and a street.

**3** Millions of (car / cars) and people cross them every day.

**4** Truck drivers (has / have) to wait in a long line of vehicles on a road.

**5** She socialized (because / while) her son played with others.

**6** They will check all his belongings (but also / as well as) his body.

**7** There (is / are) four entrances at each side, east, west, north, and south.

**8** (If / Although) a child has a serious illness, then they need to go there.

**9** Manual labor, explosives, and tunneling machinery are (using / used).

**10** He closes the dam (but / so) he can store excess water.

 알맞은 단어를 써서 문장을 완성해보세요.

| ride | birth | tell | comes | to | allow | through | for |
|------|-------|------|-------|-----|-------|---------|-----|

**1** He will go _____ the immigration.

**2** They _____ them to cross rivers and roads safely.

**3** 40% of the electricity _____ from this solar power system.

**4** He is responsible _____ overall safety of the guests.

**5** The roads are numbered to make it easy to _____ them apart.

**6** It usually runs from north _____ south.

**7** Sometimes Emma and her family _____ bikes or jog around it.

**8** Sometimes mothers can give _____ too early.

There are security cameras in many places.

They play many important roles in shops, offices, and even homes.

Mary runs her own convenience store in town.

She recently began to worry about theft and burglary.

She talked about her concerns with her brother who works at a security company.

He recommended some security cameras and installed them in the store.

She expects that this will discourage anyone from stealing anything.

Patricia lives alone with a cat.

She worried about her cat's safety when she's at work. She spoke to her coworkers, and they suggested security cameras.

She searched and selected three cameras with speakers and microphones in them.

Now, she can watch her cat on her phone app at work. She sometimes talks to her cat through the cameras to keep her safe.

Even her coworkers chat to her cat sometimes.

## Warm up

- Where can you find security cameras?

- What are the advantages of security cameras?

- What are the disadvantages of security cameras?

MP3 & PDF_31

**A** 알맞은 단어의 뜻을 찾아보세요.

convenience store ☐  burglary ☐  recommend ☐  install ☐  steal ☐
discourage ☐  concern ☐  accident ☐  occur ☐  suggest ☐

① 설치하다     ② 편의점     ③ 훔치다     ④ 사고     ⑤ 절도
⑥ 추천하다     ⑦ 제안하다     ⑧ 일어나다     ⑨ 막다     ⑩ 걱정

**B** 문제를 읽고 알맞은 답을 찾아보세요.

**1** What did Mary recently begin to worry about?

**a** burglary          **b** future          **c** money

**2** Who did Mary talk about her concerns with?

**a** her husband     **b** her brother     **c** her father

**3** When did Patricia worry about her cat's safety?

**a** at school          **b** at home          **c** at work

**4** What is NOT true about Patricia?

**a** She can watch her cat on her phone app at work.

**b** She can talk to her cat through the cameras.

**c** She can speak to her parents through the cameras.

**C** 다음 이야기를 읽고 빈칸을 채워보세요.

<보기>    installed   through   security   shops   watch   convenience

| Main Idea | Security cameras |
| --- | --- |
| Security camera | There are _____ cameras in many places. They play many important roles in _____ , offices, and even homes. |
| Mary | Mary runs her own _____ store. She talked about her concerns and her brother _____ security cameras in the store. |
| Patricia | Patricia lives alone with a cat. She can _____ her cat on her phone app at work. She talks to her cat _____ the cameras. |

# Unit 32 Public Bikes

Many cities have bike-share programs that offer rentals for short trips. Users can check out a bike, use it, and then return it.

The program is popular because bikes can be returned easily.

Users can ride to their destination and park the bike in any nearby docking station.

The payment method is user friendly, too.

People can just use their credit card and pay directly.

Scott commutes by Public Bicycle Sharing (PBS).

He doesn't bring his own bicycle to the city.

He takes the subway to the nearest subway station to his office.

He checks on his phone app to locate a bike nearby.

Then he rides the public bike to work.

Scott loves bike sharing not just because of its availability.

It provides a range of benefits to him.

He doesn't have to worry about parking space for the bike while he works.

He can save money without having to pay for gas.

He can gain great health benefits because it is a great way to exercise.

It also provides a great benefit to his city.

It reduces air pollution as well as traffic congestion.

## Warm up

- When was the last time you rode a bike?

- Have you ever used a public bike?

- What are the advantages of public bikes?

MP3 & PDF_32

**A** 알맞은 단어의 뜻을 찾아보세요.

bike-share ☐ air pollution ☐ rental ☐ return ☐ payment ☐
locate ☐ availability ☐ a range of ☐ reduce ☐ traffic congestion ☐

① 반납하다    ② 대여    ③ 대기 오염    ④ 지불    ⑤ ~의 정확한 위치를 찾아내다
⑥ 교통 체증    ⑦ 줄이다    ⑧ 이용성    ⑨ 다양한    ⑩ 자전거 공유

**B** 문제를 읽고 알맞은 답을 찾아보세요.

**1** What is the purpose of a bike-share program?

   **a** to rent bikes      **b** to exchange bikes      **c** to sell bikes

**2** What does Scott check to locate a bike nearby?

   **a** his text messages      **b** his chat room      **c** his phone app

**3** How does Scott commute?

   **a** on foot      **b** by taxi      **c** by Public Bicycle Sharing

**4** What is NOT true about Scott's bike sharing?

   **a** He can save money without having to pay for gas.

   **b** He can stop exercising because it reduces his weight.

   **c** He doesn't have to worry about parking space for the bike.

**C** 다음 이야기를 읽고 빈칸을 채워보세요.

<보기>    reduces   provides   share   locate   return   commutes

| Main Idea | Public bikes |
|---|---|
| Bike-share programs | Many cities have bike-_____ programs that offer rentals for short trips. Users can check out a bike, use it, and then _____ it. |
| Scott | Scott _____ by Public Bicycle Sharing(PBS). He checks on his phone app to _____ a bike and rides it to work. |
| Benefits | It _____ a range of benefits to him. He can save money and gain great health benefits. It _____ air pollution. |

Do you know that there is proper elevator etiquette?
Many people use the elevator countless times a day.
In public places like elevators, it is essential to show good etiquette.

Elly is a 72-year-old lady.
She lives with her grandson on the 2nd floor of an apartment building.
She has a bad knee, so she is very grateful to use the elevator.
One day, she was waiting for the elevator on the 1st floor.
A little boy came into the building and stood next to her.
The door opened and the boy stood to the side to let her get on first.
Then he got on and asked her which floor she needed to go to.
He pressed the number 2 button for her when she told him.
When she got off, he even said goodbye to her.
She thought he was so polite and cute.

Elly told her grandson about the boy and elevator etiquette.
She said "Show good etiquette in public places like the elevator. For example, hold the door for other people if you're near the control panel."

## Warm up

- How often do you use elevators?
- What are the benefits of using elevators?
- Do you know any elevator etiquette?

MP3 & PDF_33

**A**  알맞은 단어의 뜻을 찾아보세요.

proper [ ] countless [ ] public [ ] essential [ ] knee [ ]
grateful [ ] get off [ ] get on [ ] press [ ] polite [ ]

① 공손한      ② 적절한      ③ 누르다      ④ 셀 수 없이 많은      ⑤ 타다
⑥ 공공의      ⑦ 필수적인      ⑧ 무릎      ⑨ 고마워하는      ⑩ 내리다

**B** 문제를 읽고 알맞은 답을 찾아보세요.

**1** Who does Elly live with?

    **a** her cousin      **b** her grandson      **c** her uncle

**2** Why is Elly grateful to use the elevator?

    **a** Because she lives on the 20th floor.      **b** Because she has a bad knee.

    **c** Because she often goes out.

**3** What did Elly tell her grandson about?

    **a** elevator doors      **b** elevator music      **c** elevator etiquette

**4** What should you do if you're near the control panel in the elevator?

    **a** hold the door      **b** say goodbye      **c** smile a lot

**C** 다음 문장을 읽고 Elly가 엘리베이터 탔을 때 일어난 일을 순서대로 번호를 쓰세요.

She was waiting for the elevator on the 1st floor.

He pressed the number 2 button for her when she told him.

A little boy came into the building and stood next to her.

# Streetlights and Traffic Lights

Driving at night is more dangerous than driving during the day.
This is why streetlights are particularly important in the city.
They can make the roads and highways safer for the residents.

Jack is a delivery man who works for an online shopping mall.
He often drives at night to deliver products to customers.
He feels comfortable driving his truck even late at night.
Streetlights enhance visibility so he can drive safely.

Streetlights are also important because they allow drivers to get
to their destination faster.
Sometimes, customers want to get their order the next morning.
With the help of streetlights, traffic speed can be improved,
so Jack can drive fast at dawn to deliver all the products in
time.

There is another type of lights that play a crucial
role for safety on the road. Those are traffic lights
at intersections and pedestrian crossings.
The sets of red, amber, and green lights ensure an
orderly flow of traffic.
They improve safety on the road by preventing
accidents throughout the day.
Without them, the number of traffic accidents
would increase significantly.

## Warm up

- What would happen if we had
  no streetlights?

- What are the advantages of
  streetlights?

- What color are traffic lights?

MP3 & PDF_34

**A** 알맞은 단어의 뜻을 찾아보세요.

> enhance ☐  visibility ☐  amber ☐  dawn ☐  in time ☐
> crucial ☐  intersection ☐  pedestrian ☐  orderly ☐  significantly ☐

① 정돈된  ② 중요하게  ③ 눈에 잘 보임  ④ 교차로  ⑤ 호박색
⑥ 보행자  ⑦ 새벽  ⑧ 시간에 맞춰  ⑨ 향상시키다  ⑩ 중대한

**B** 문제를 읽고 알맞은 답을 찾아보세요.

**1** Where does Jack work?

  **a** an online shopping mall    **b** a mobile gaming company    **c** a car manufacturer

**2** How does Jack feel when he drives at night?

  **a** stressed      **b** painful      **c** comfortable

**3** What is NOT true about streetlights?

  **a** They can improve safety on the roads.

  **b** With their help, traffic would be slower.

  **c** They enhance visibility so he can drive safely.

**4** Which is NOT a traffic light color?

  **a** red      **b** amber      **c** blue

**C** 다음 이야기를 읽고 빈칸을 채워보세요.

> <보기>  safety  visibility  ensure  intersections  speed  dawn

| Streetlights | Traffic lights |
| --- | --- |
| Streetlights enhance _____ so he can drive safely. With the help of streetlights, traffic _____ can be improved. So Jack can drive fast at _____ to deliver all the products in time. | Those are traffic lights at _____ and pedestrian crossings. The sets of red, amber, and green lights _____ an orderly flow of traffic. They improve _____ on the road. |

81

# Unit 35 Traffic Signs on the Road

Traffic signs play an essential role in keeping people safe and reducing accidents.

They give instructions or information about routes to drivers and pedestrians.

Failing to follow traffic regulations can be dangerous to everyone.

Malley went to England as an exchange student.

He was very worried about driving there.

People in England drive on the opposite side of the road from Peru. More than anything else, he wasn't sure if he could read the traffic signs. But Malley worried for nothing, and here's why.

The shapes and colors of traffic signs are standardized in most countries. This helped Malley overcome the language barrier.

There are three types of traffic signs.

Regulatory signs are usually in red.

They typically mean you must or mustn't do something, like Stop, Yield, and Do Not Enter.

Warning signs are generally in yellow with black letters or pictures, and they indicate caution.

Guide signs are normally in green with white letters and numbers, and they give information or directions.

## Warm up

- How do traffic signs help drivers?
- How many different traffic signs can you name?
- Do you think traffic signs are different in other countries?

MP3 & PDF_35

**A** 알맞은 단어의 뜻을 찾아보세요.

instruction [ ] regulation [ ] exchange [ ] barrier [ ] warning [ ]
standardize [ ] overcome [ ] yield [ ] indicate [ ] caution [ ]

① 조심          ② 경고          ③ 극복하다          ④ 양보하다          ⑤ 교환
⑥ 설명          ⑦ 규정          ⑧ 표준화하다        ⑨ 장벽            ⑩ 나타내다

**B** 문제를 읽고 알맞은 답을 찾아보세요.

**1** Where did Malley go as an exchange student?

　**a** England　　　　　**b** Peru　　　　　**c** America

**2** What is NOT a role of traffic signs?

　**a** to keep people safe　　**b** to reduce accidents　　**c** to give traffic tickets

**3** What is NOT true about Malley?

　**a** He was excited about driving there from the start.

　**b** Traffic signs helped Malley overcome language barriers.

　**c** He wasn't sure if he could read the traffic signs.

**4** How are traffic signs standardized in most countries?

　**a** same size　　　　　**b** same shapes　　　　　**c** same materials

**C** 다음 이야기를 읽고 교통 표지판들을 비교하는 내용에 빈칸을 채워보세요.

<보기>　red　directions　green　yellow　caution　yield

| Regulatory Signs | Regulatory signs are usually in _____ . They mean you must or mustn't do something, like Stop, _____ , and Do Not Enter. |
|---|---|
| Warning Signs | Warning signs are generally in _____ with black letters or pictures, and they indicate _____ . |
| Guide Signs | Guide signs are normally in _____ with white letters and numbers, and they give information or _____ . |

## Warm up

- What are roadside trees?
- What kind of trees are used for roadside trees?
- What are the benefits of roadside trees?

What is common among cherry blossoms, fringe trees, and gingko trees?

They are all roadside trees.

They are planted on the side of the road by various local governments.

They play many roles for the community.

First, roadside trees are planted to beautify the roads and reduce drivers' stress.

Jack drives to work every day.

It gets boring to stare at the cars and the grey asphalt on the road.

He feels happier when he sees the trees on the roadside.

Second, roadside trees are planted to purify the air.

A large tree can remove 3.5 pounds of pollutants in a year.

They act as an ecosystem's liver by filtering the pollutants out of the air with their leaves.

They also absorb carbon dioxide and release oxygen.

They can make significant improvements to the quality of air.

Third, they lower the temperature in the city.

They capture sunlight so that it does not hit the pavement.

They also combat the heat by offering shade and large canopies like a parasol.

MP3 & PDF_36

**A**  알맞은 단어의 뜻을 찾아보세요.

stare ☐   cherry blossom ☐   roadside ☐   purify ☐   boring ☐

common ☐   gingko tree ☐   capture ☐   beautify ☐   shade ☐

① 벚꽃        ② 아름답게 하다      ③ 그늘        ④ 공통의        ⑤ 잡다
⑥ 길가        ⑦ 정화하다          ⑧ 지루한      ⑨ 빤히 쳐다보다   ⑩ 은행나무

**B**  문제를 읽고 알맞은 답을 찾아보세요.

**1**  How does Jack go to work?

   **a** take a bus       **b** take the subway       **c** drive his car

**2**  What makes him happier when he drives to work?

   **a** trees on the roadside       **b** grey asphalt       **c** other cars

**3**  What is NOT true about the air and roadside trees?

   **a** The roadside trees filter the pollutants out of the air.

   **b** The roadside trees absorb carbon dioxide and release oxygen.

   **c** The roadside trees can increase 3.5 pounds of pollutants in a year.

**4**  How do the roadside trees lower temperature?

   **a** remove pollutants       **b** capture sunlight       **c** release oxygen

**C**  다음 이야기를 읽고 빈칸을 채워보세요.

| <보기>  reduce      liver      significant      quality      beautify |
| --- |

| Main Idea | Roadside trees |
| --- | --- |
| Role 1 | They are planted to _____ the roads and _____ drivers' stress. Jack feels happier when he sees the trees on the roadside. |
| Role 2 | They are planted to purify the air. They act as an ecosystem's _____ . They absorb carbon dioxide and release oxygen. They can make _____ improvements to the _____ of air. |

# Unit 37 Public Waste Bins

Andy works at a plastic container manufacturing company.
His department specializes in making waste bins.
They design and produce a wide range of indoor and outdoor trash bins.

Andy and his team make bins with different colors.
They want to encourage people to separate their waste into different bins. If the waste is sorted properly, waste collection operations can be more efficient.
We can save money on disposal costs, too.

Andy and his team also make bins with pedals.
A pedal bin is a container with a lid that is operated by a foot pedal.
The foot pedal enables people to open the lid without touching it with their hands.
Some people don't like touching bins. With pedal bins, even those people can use the bins.

Andy and his team also make movable waste bins with wheels. It's important that people have easy access to the bins.
The movable bins are a great solution since they can be placed or moved around in parks, crosswalks, bus stations, and food stalls.

## Warm up

- Why should we not throw trash on the road?

- When was the last time you used a public waste bin?

- How can we encourage people to use public waste bins?

MP3 & PDF_37

**A** 알맞은 단어의 뜻을 찾아보세요.

container ⬚  manufacturing ⬚  waste bin ⬚  encourage ⬚  lid ⬚
food stall ⬚  movable ⬚  crosswalk ⬚  throw away ⬚  sorted ⬚

① 버리다        ② 뚜껑        ③ 권장하다      ④ 이동시킬 수 있는    ⑤ 노점
⑥ 용기        ⑦ 분리된      ⑧ 쓰레기통      ⑨ 제조업            ⑩ 횡단보도

**B** 문제를 읽고 알맞은 답을 찾아보세요.

**1** What does Andy's department specialize in making?

   **a** plastic bags      **b** waste bins      **c** shopping bags

**2** What is NOT true about different color bins?

   **a** People can save money on disposal costs.

   **b** Waste collection operations can be more efficient.

   **c** They discourage people from separating their waste into different bins.

**3** What do you use to open a pedal bin?

   **a** your foot      **b** your voice      **c** your hand

**4** Where do people usually put movable bins?

   **a** on the bus      **b** near coffee shops      **c** in parks

**C** 다음 이야기를 읽고 비교하는 내용에 빈칸을 채워보세요.

<보기>  waste    placed    container    encourage    lid    pedal

| Different color bins | They make bins with different colors. They want to _____ people to separate their _____ into different bins. |
| --- | --- |
| Pedal bins | It is a _____ with a lid and the lid is operated by a foot _____. People can open the _____ without touching it. |
| Movable bins | The movable bins can be _____ or moved around in parks, crosswalks, bus stations, and food stalls. |

Using solar panels can make a significant difference to our planet.
The sun is a powerful source of energy.
One hour of sunlight can provide enough energy for everyone on earth.

George works at a solar panel company.
His role is explaining the benefits to his customers.
He says solar energy can lower their electric bills.
The installation fee is somewhat expensive, but it will be worth the cost in the end. Plus, the government will pay for a part of the costs as a rebate.

He also explains to his customers how solar panels work.
First, sunlight activates the panels, and then the panels convert the sunlight into electrical energy. Numerous panels are connected to the main power system, so people can either use it right away or store it for later use.

George often concludes his explanation by emphasizing the importance of clean renewable energy. Fossil fuels have harmful effects on the environment.
People need to use more alternative sources of energy like solar energy.

## Warm up

- What is the benefit of using solar panels?
- What are some things that are harmful to the environment?
- Why should we use renewable energy?

MP3 & PDF_38

**A** 알맞은 단어의 뜻을 찾아보세요.

| installation fee ☐ | rebate ☐ | convert ☐ | numerous ☐ | worth ☐ |
| emphasize ☐ | renewable ☐ | fossil fuel ☐ | harmful ☐ | alternative ☐ |

① 할인      ② 대체가능한      ③ 많은      ④ 강조하다      ⑤ 해로운
⑥ 전환시키다      ⑦ ~의 가치가 있는      ⑧ 설치비      ⑨ 재생 가능한      ⑩ 화석 연료

**B** 문제를 읽고 알맞은 답을 찾아보세요.

**1** Where does George work?

     **a** a solar panel company      **b** a fossil fuel company      **c** an electric company

**2** What is the benefit of solar energy?

     **a** increase their electric bills      **b** be economical      **c** be expensive

**3** How do solar panels work at first?

     **a** They are activated by sunlight.      **b** They convert the sunlight.

     **c** They store electrical energy

**4** What is NOT true about solar panels?

     **a** The installation fee is somewhat expensive.

     **b** The solar panels convert the sunlight into electrical energy.

     **c** Solar energy is harmful to our environment.

**C** 다음 이야기를 읽고 빈칸을 채워보세요.

| <보기> solar    electric    energy    activates    sunlight |

| | |
|---|---|
| **Main Idea** | Solar panels |
| **Solar panel** | Using _____ panels can make a significant difference to our planet. The sun is a powerful source of _____ . |
| **Benefits** | Solar energy can lower their _____ bills. |
| **How they work** | First, sunlight _____ the panels, and then the panels convert the _____ into electrical energy. |

We have a lot more choices in cars today.

The majority of people drive sedans.

On the other hand, people who like to travel tend to buy SUVs.

Which is your choice of car?

Maggie wants to buy a sedan.

Most of her commute is on the city roads.

Sedans are easier to maneuver around the city, so it is more appealing to her. On top of that, the seats are comfortable and they come with many convenient features. They are lighter so they are better in terms of fuel consumption, too.

However, Eric, Maggie's huaband, wants an SUV.

It has a huge trunk and it can fit his camping equipment.

It also has higher seats. It gives him a much better view of the road ahead.

They tend to be more spacious inside than same-size passenger cars. He can even sleep in the car if the seats are folded flat.

What car should they buy?

Maybe they should buy a crossover.

Crossovers combine elements of SUVs and sedans. They offer more interior space than a sedan and better drivability than an SUV.

## Warm up

- What kind of car do you like the most?
- How often do you use a car?
- What are the benefits of cars?

MP3 & PDF_39

**A** 알맞은 단어의 뜻을 찾아보세요.

majority [　] maneuver [　] ahead [　] feature [　] consumption [　]
choice [　] fold [　] interior [　] come with [　] combine [　]

① 접다　　② 특징, 특색　　③ 이동하다　　④ 결합하다　　⑤ ~내부의
⑥ 소비　　⑦ ~이 딸려 있다　　⑧ 선택　　⑨ 대다수　　⑩ 앞쪽에

**B** 문제를 읽고 알맞은 답을 찾아보세요.

**1** What kind of car do the majority of people drive?

   **a** sedans　　　**b** convertibles　　　**c** trucks

**2** Why does Maggie want to buy a sedan?

   **a** Because a sedan can fit her camping equipment.

   **b** Because a sedan offers more interior space.

   **c** Because the seats are comfortable and they come with many convenient features.

**3** What is NOT true about an SUV?

   **a** a small trunk　　　**b** higher seats　　　**c** a better view of the road

**4** What can Eric do if the seats are folded flat?

   **a** stand in the car　　　**b** sleep in the car　　　**c** drive fast

**C** 다음 이야기를 읽고 비교하는 내용에 빈칸을 채워보세요.

<보기> drivability　combine　maneuver　spacious　convenient　higher

| Sedans | It comes with more comfortable seats, and ＿＿＿＿＿ features. Sedans easily ＿＿＿＿＿ around the city. |
|---|---|
| SUVs | It also has ＿＿＿＿ seats for a much better view of the road ahead. SUVs tend to be ＿＿＿＿ inside. |
| Crossovers | Crossovers ＿＿＿＿ elements of SUVs and sedans. They offer more interior space than a sedan and better ＿＿＿＿＿ than an SUV. |

Storefront signage displays information about your business. Good signage attracts customers and keeps them coming back. Some of the most effective types are outdoor banners, digital displays, and window graphics.

Ray is a clothing retail shop owner.
He uses an outdoor banner.
It has a huge effect on foot traffic and it is inexpensive.
Most importantly, he can easily change it for new seasonal clothes. It is perfect for his shop.

Cam is a theater owner. He uses a digital display.
He can set it to rotate the display every 10 seconds.
Plus, people tend to remember videos a lot more than just a stationary sign, so it is the perfect choice for him.

Ann is a toy store owner. She uses 2D and 3D window graphics on her shop windows.
She posts 3D stickers on the main door windows for the most popular toys.
She has 2D letter stickers for other toys on the other windows.
They are incredibly eye-catching and they're extremely good for promoting products like toys.

## Warm up

- What are the different types of storefront signage?
- What is the most memorable storefront signage?
- What is the role of storefront signage?

MP3 & PDF_40

**A** 알맞은 단어의 뜻을 찾아보세요.

signage ☐  display ☐  come back ☐  retail ☐  post ☐
rotate ☐  attract ☐  incredibly ☐  extremely ☐  stationary ☐

① 전시하다, 내보이다  ② 돌아오다  ③ 믿을 수 없을 정도로  ④ 정지된  ⑤ 끌어들이다
⑥ (광고 등을) 게시하다  ⑦ 극도로  ⑧ 소매의  ⑨ 회전하다  ⑩ 간판

**B** 문제를 읽고 알맞은 답을 찾아보세요.

**1** What does signage display information about?

  **a** your personality    **b** your business    **c** your appearance

**2** What is true about an outdoor banner?

  **a** It has a huge effect on foot traffic.

  **b** It is expensive, so it is not good for clothes shop.

  **c** It is difficult to change it for new seasonal clothes.

**3** What store uses a digital display?

  **a** a clothing retail shop    **b** a theater    **c** a toy store

**4** What does Ann post on the main door windows for the most popular toys?

  **a** 3D stickers    **b** 2D stickers    **c** 2D letter stickers

**C** 다음 이야기를 읽고 빈칸을 채워보세요.

<보기> tend    inexpensive    promoting    outdoor    stationary

| Outdoor banner | Ray uses an _____ banner. It has a huge effect on foot traffic and it is _____ . |
|---|---|
| Digital display | Cam uses a digital display. People _____ to remember videos a lot more than just a _____ sign. |
| 2D and 3D Window graphics | Ann uses 2D and 3D window graphics on her shop windows. They're good for _____ products like toys. |

**A** 일치하는 우리말 뜻을 찾아 쓰세요.

| | | |
|---|---|---|
| **1** | steal | _____ |
| **2** | return | _____ |
| **3** | get on | _____ |
| **4** | enhance | _____ |
| **5** | indicate | _____ |
| **6** | common | _____ |
| **7** | waste bin | _____ |
| **8** | convert | _____ |
| **9** | combine | _____ |
| **10** | rotate | _____ |

**a.** 타다
**b.** 향상시키다
**c.** 결합하다
**d.** 반납하다
**e.** 나타내다
**f.** 쓰레기통
**g.** 훔치다
**h.** 회전하다
**i.** 전환시키다
**j.** 공통의

**B** 반의어를 찾아 연결하세요.

| | | | |
|---|---|---|---|
| **1** | discourage | • | • interesting |
| **2** | massive | • | • invisibility |
| **3** | polite | • | • encourage |
| **4** | visibility | • | • tiny |
| **5** | boring | • | • minority |
| **6** | majority | • | • impolite |

단어를 골라 문장을 완성해보세요.

1  There are security cameras in (much / many) places.

2  The program is popular because bikes can be (returning / returned) easily.

3  (When / Where) she got off, he even said goodbye to her.

4  Driving at night is (more / most) dangerous than driving during the day.

5  Malley went to England (so / as) an exchange student.

6  Second, roadside trees are planted (to / by) purify the air.

7  (Unless/If) the waste is sorted properly, collection can be more efficient.

8  (Using / Uses) solar panels can make a significant difference to our planet.

9  It gives (his / him) a much better view of the road ahead.

10  Storefront signage displays information (about / from) your business.

 알맞은 단어를 써서 문장을 완성해보세요.

| runs | absorb | have | lower | pressed | worry | play | helped |

1  Mary _____ her own convenience store in town.

2  He doesn't have to _____ about parking space for the bike.

3  He _____ the number 2 button for her when she told him.

4  There is another type of lights that _____ a crucial role for safety on the road.

5  This _____ Malley overcome the language barrier.

6  They _____ carbon dioxide and release oxygen.

7  It's important that people _____ easy access to the bins.

8  Solar energy can _____ their electric bills.

Answer Key

Neighbors and Street

# Part I

# Private Sector Jobs
## 민간 부문 직업들

### Unit 01 레스토랑 셰프

### Warm up

- 셰프는 식당에서 어떤 일을 하나요?
- 셰프는 무엇을 입나요?
- 알고 있는 유명한 셰프가 있나요?

**본문 해석**

마리오는 셰프(전문 요리사)입니다. 그는 '띠 아모 파스타'라는 이탈리아 식당을 하고 있어요. 그는 자신의 음식을 매우 자랑스럽게 생각해요.

마리오는 항상 "저는 그냥 요리를 하는 사람이 아니에요! 저는 셰프예요!" 하고 말해요. cook은 '요리를 하는 사람'이지만, chef는 다양한 요리나 요리법을 개발해요. 마리오는 매일 다른 '오늘의 특별요리'를 내놓아요. 많은 사람들이 오늘의 특별요리에 대해 궁금해합니다.

띠 아모 파스타의 오늘의 특별요리는 피자예요. 마리오는 도우(밀가루 반죽)부터 만들기 시작했어요. 그 다음에 이탈리아 소시지를 얇게 썰고, 마늘을 까서 으깨고, 양파와 피망을 잘게 썰었어요. 그러고 나서 그는 그것들을 도우 위에 뿌리고 후추와 소금을 약간 뿌렸어요. 그는 크림 치즈와 생크림을 함께 섞어서 도우 위에 펴 발랐어요. 그는 피자를 오븐에 넣고 20분 정도 요리했어요. 그가 피자를 내놓았을 때, 모두들 조용해졌어요. 그것은 너무 맛있어서 아무도 말을 할 수 없었어요! 마리오는 굉장한 셰프예요! 그는 우리 동네에서 가장 훌륭한 셰프예요!

### Practice

**Ⓐ** 알맞은 단어의 뜻을 찾아보세요.

dish ④ 요리
slice ⑩ 얇게 썰다
be proud of ③ ~을 자랑스러워하다
peel ⑧ 껍질을 벗기다
curious ⑤ 궁금한
create ② 창작하다
serve ① (음식을) 내다
crush ⑦ 으깨다
chop ⑨ 잘게 썰다
mix ⑥ 섞다

**Ⓑ** 문제를 읽고 알맞은 답을 찾아보세요.

**1** 마리오는 어떤 종류의 레스토랑에서 일하나요? **c**
**2** 셰프는 무슨 일을 하나요? **a**
**3** 마리오는 얼마나 오래 피자를 요리했나요? **b**
**4** 마리오가 피자를 내놓았을 때 사람들은 왜 조용해졌나요? **b**

**Ⓒ** 다음 문장을 읽고 Mario가 Pizza를 만드는 방법을 순서대로 번호를 쓰세요.

① He makes the dough first.
그는 먼저 도우(밀가루 반죽)를 만들어요.

③ He puts the pizza in the oven and cooks it for about 20 minutes.
그는 피자를 오븐에 넣고 20분 정도 요리해요.

② He prepares sausage and vegetables and sprinkles them.
그는 소시지와 야채를 준비하고 그것들을 뿌려요.

### Unit 02 정육점 주인

### Warm up

- 정육점에 가본 적이 있나요?
- 정육점 주인은 무슨 일을 하나요?
- 정육점에서 살 수 있는 것은 무엇인가요?

**본문 해석**

존슨 씨는 작은 동네에서 자신의 정육점을 하고 있어요. 그는 거의 30년 동안 정육점에서 일해 오고 있어요. 그 30년 동안 그는 일요일을 제외하고 매일 오전 9시에 가게 문을 열었어요. 그는 동네 사람들 대부분을 알고 있어요.

존슨 씨에게는 잭이라는 점원이 있어요. 그들은 오전 7시에 배달을 받아야 해서 아침에 일찍 가게에 와요. 그들은 고기를 내리고 신선하게 유지하기 위해 냉장고에 넣어요.

존슨 씨와 잭은 오전 7시 30분쯤 판매를 위한 고기를 준비해요. 그들은 가게에서 소고기, 양고기, 그리고 닭고기를 포함해서 모든 종류의 고기를 팔아요. 어떤 손님들은 껍질이 없는 닭고기나 살코기를 좋아해요. 어떤 손님들은 다리살, 가슴살, 아니면 날개만 사요. 잭은 고기에서 지방을 잘라내거나 닭껍질을 벗겨요. 존슨 씨는 손님들을 위해 고기를 잘라요. 그들은 매우 신선한 고기를 팔고 모두가 그것에 아주 만족해요.

### Practice

**Ⓐ** 알맞은 단어의 뜻을 찾아보세요.

nearly ⑤ 거의
fat ⑧ 지방
neighborhood ② 이웃, 부근

unload ⑥ (짐을) 내리다
delivery ④ 배달
assistant ③ 조수
beef ⑨ 소고기
butcher ⑦ 정육점 주인
lamb ⑩ 양고기
except ① ~을 제외하고는

**B** 문제를 읽고 알맞은 답을 찾아보세요.

**1** 존슨 씨는 얼마나 오랫동안 정육점에서 일했나요? **a**

**2** 존슨 씨가 아침에 하는 일에 대해 사실이 아닌 것은 무엇인가요? **b**

**3** 존슨 씨의 정육점에서 살 수 있는 것은 무엇인가요? **a**

**4** 특별 요청이 있는 고객들을 위해 잭이 하는 것이 아닌 것은 무엇인가요? **c**

**C** 다음 이야기를 읽고 빈칸을 채워보세요.

| Main Idea | A butcher in the butcher's shop |
|---|---|
| | 정육점 주인 |
| **Johnson**<br>존슨 | Mr. Johnson has his <u>own</u> butcher's shop. He has worked as a <u>butcher</u> for nearly 30 years.<br>존슨 씨는 자신의 정육점을 하고 있어요. 그는 거의 30년 동안 정육점에서 일해 오고 있어요. |
| **Morning**<br>아침 | Mr. Johnson has an <u>assistant</u>, Jack. They come to the shop early in the morning to get their <u>delivery</u>.<br>존슨 씨에게는 잭이라는 점원이 있어요. 그들은 배달을 받아야 해서 아침에 일찍 가게에 와요. |
| **Preparing**<br>준비하기 | Jack cuts the <u>fat</u> off the meat or takes the <u>skin</u> off the chicken for some customers.<br>잭은 손님들을 위해 고기에서 지방을 잘라내거나 닭껍질을 벗겨요. |

# Unit 03 슈퍼마켓 점장

## Warm up

- 얼마나 자주 슈퍼마켓에 가나요?
- 슈퍼마켓의 점장은 무슨 일을 하나요?
- 물건을 살 때 지불은 어떻게 하나요?

**본문 해석**

밀리는 ABC 슈퍼마켓에서 일해요. 그녀는 15년 전에 거기에서 일하기 시작했어요. 그곳은 그녀의 첫 번째 직장이었어요. 그녀는 한동안 그곳에서 부점장으로 일한 다음 점장이 되었어요. 점장으로서 그녀는 많은 역할과 책임이 있어요.

---

그녀의 주 업무는 더 많은 고객을 확보하고 이윤을 늘리는 거예요. 그것은 그녀가 '1+1' 같은 프로모션을 계획해야 하는 것을 의미해요. 그것은 더 많은 고객을 유치하고 더 많은 상품을 파는 데 도움이 돼요.

밀리의 또 다른 역할은 직원을 고용하고 교육시키는 거예요. 밀리는 직무에 딱 맞는 사람을 선택해야 해요. 직원이 불친절하다는 건 고객들이 만족스럽지 못하다는 것을 의미해요. 그래서 그녀는 직원들을 교육해야만 해요. 그녀는 직원들에게 슈퍼마켓을 청소하라고 말해야 해요. 그녀는 직원들에게 선반을 정리하라고 말해야 해요. 그녀는 항상 가게와 직원들을 지켜봐요. 그녀는 또한 가게의 수입을 계산하고 금전 등록기를 확인해야 해요. 점장으로 일하는 것은 쉽지 않아요. 하지만 밀리는 자신의 일에 매우 만족해요.

## Practice

**A** 알맞은 단어의 뜻을 찾아보세요.

unhappy ④ 불만족스러워하는
manager ⑥ 관리자
hire ⑩ 고용하다
profit ⑧ 수익, 이익, 이윤
train ② 교육시키다
responsibility ⑦ 책임감
unfriendly ⑨ 불친절한
staff ③ 직원
role ① 역할
earning ⑤ 수입, 소득

**B** 문제를 읽고 알맞은 답을 찾아보세요.

**1** 밀리는 어디에서 일하나요? **c**

**2** '1+1'같은 밀리의 프로모션에 대해 사실이 아닌 것은 무엇인가요? **b**

**3** 점장으로서 밀리의 역할은 무엇인가요? **b**

**4** 밀리가 업무에 딱 맞는 사람을 선택하는 것은 왜 중요한가요? **a**

**C** 다음 이야기를 읽고 빈칸을 채워보세요.

| Main Idea | A manager in the supermarket |
|---|---|
| | 슈퍼마켓 점장 |
| **Millie**<br>밀리 | Millie works at ABC supermarket. She is a <u>manager</u>. As the manager, she has many roles and <u>responsibilities</u>.<br>밀리는 ABC 슈퍼마켓에서 일해요. 그녀는 점장이에요. 점장으로서 그녀는 많은 역할과 책임이 있어요. |
| **Role 1**<br>역할 1 | Her main job is to get more customers and increase <u>profits</u>. She has to plan <u>promotions</u>. It helps <u>bring</u> in more customers.<br>그녀의 주 업무는 더 많은 고객을 확보하고 이윤을 늘리는 거예요. 그녀는 프로모션을 계획해야 해요. 그것은 더 많은 고객을 유치하는 데 도움이 돼요. |

| Role 2<br>역할 2 | Another of Millie's roles is hiring and **training** staff.<br>밀리의 또 다른 역할은 직원을 고용하고 교육시키는 거예요. |

## Warm up

- 쇼핑하는 것을 좋아하나요?
- 백화점에서 가장 최근에 산 것은 무엇이었나요?
- 판매원한테 질문을 한 적 있나요? 무엇에 대한 것이었나요?

### 본문 해석

재닛은 동네 백화점에서 일하는 판매원이에요. 백화점은 오전 10시 30분에 문을 열어요. 그래서 그녀는 9시 30분까지 거기에 가야 해요.

그녀는 직장에 도착한 후에, 유니폼으로 갈아입어야 해요. 그러고 나서 그녀는 신발 재고를 확인하는 것으로 업무를 시작해요. 그녀가 어떤 가게에서 일하는지 추측할 수 있나요? 맞아요. 그녀는 백화점 신발 가게에서 일하는 판매원이에요.

10시 30분에 모든 판매원은 가게에 오는 고객들을 맞이해요. 재닛은 매장의 신발들에 대한 모든 것을 잘 알고 있어요. 그녀는 또한 유행하는 것과 고객의 요구도 잘 알아요. 그래서 그녀는 고객들이 물어볼 때 질문에 대답할 수 있어요. 그리고 그녀는 고객들과 자신의 의견을 나눌 수 있어요. 때때로 그녀는 유행하는 것과 잘 팔리는 상품들을 본사에 보고해요. 재닛은 신발 전문가예요! 판매원이 항상 친절하고 미소를 띠는 것은 중요해요. 재닛은 고객들과 이야기하는 것을 좋아하고, 고객들도 모두 그녀를 좋아해요. 그녀는 타고난 판매원이에요.

## Practice

**A** 알맞은 단어의 뜻을 찾아보세요.

salesperson ② 판매원
guess ⑩ 추측하다
welcome ④ 환영하다
expert ⑦ 전문가
trend ⑥ 유행
master ⑧ 완전히 익히다
opinion ⑨ 의견
stock ⑤ 재고(품)
report ③ 보고하다
head office ① 본사

**B** 문제를 읽고 알맞은 답을 찾아보세요.

**1** 재닛은 직장에 언제까지 가야 하나요? **b**
**2** 재닛이 가게에 도착하면 가장 먼저 하는 것은 무엇인가요? **a**
**3** 재닛에 대해 사실이 아닌 것은 무엇인가요? **c**
**4** 판매원이 하는 일 중 중요하지 않은 것은 무엇인가요? **b**

**C** 다음 이야기를 읽고 빈칸을 채워보세요.

| Main Idea | A salesperson in the department store<br>백화점 판매원 |
| --- | --- |
| Janet<br>재닛 | Janet is a **salesperson** in the department store in town. She needs to **get** there by 9:30.<br>재닛은 동네 백화점에서 일하는 판매원이에요. 그녀는 9시 30분까지 거기에 가야 해요. |
| Shoe store<br>신발 가게 | After she gets to work, she needs to **change** into her uniform. Then she checks the **stock** of shoes.<br>그녀는 출근한 후에 유니폼으로 갈아입어야 해요. 그리고 나서 그녀는 신발 재고를 확인해요. |
| Shoe expert<br>신발 전문가 | Janet has **mastered** everything about the shoes in the store. She also understands the **trends** and customer needs.<br>재닛은 매장의 신발들에 대해 모든 것을 잘 알아요. 그녀는 또한 유행하는 것과 고객의 요구도 잘 알아요. |

## Warm up

- 커피와 차 중 무엇을 선호하나요?
- 가족 중에서 커피 마시는 것을 가장 좋아하는 사람은 누구인가요?
- 그 사람은 주로 언제 커피를 마시나요?

### 본문 해석

앨런은 동네 카페에서 일하는 바리스타예요. 손님들은 그의 상냥한 얼굴과 환영하는 미소를 좋아해요. 그는 또한 모든 종류의 음료를 아주 잘 만들어요.

앨런이 만들 수 있는 모든 음료 중 그의 특선 음료는 라떼예요. 그는 우유를 최적의 온도로 데워요. 그가 라떼를 만들 때는 너무 뜨겁거나 너무 차갑지 않아요. 그가 차를 만들 때 차를 딱 알맞게 끓여요. 그 차는 너무 떫거나 톡 쏘지 않아요. 앨런은 차가운 음료도 굉장히 잘 만들어요. 그는 부드럽고 풍부한 아이스 라떼를 만들어서 많은 손님들이 빨리 마시고 한 잔 더 주문해요.

바리스타는 음료만 만드는 것이 아니라 그보다 하는 일이 더 많아요. 앨런은 때때로 샌드위치 같은 간단한 식사를 만들어요. 그는 모든 것을 매우 깨끗하고 깔끔하게 정리해요. 그뿐 아니라 그는 항상 그의 손님들이 원하는 것을 정확히 알고 있는 것 같아요. 그의 동료는 그가 독심술사임에 틀림없다고 말해요. (뭘 주문할지) 잘 모르겠을 때 앨런에게 물어보면 그는 당신이 원하는 것을 말해 줄 거예요. 그리고 당신은 그가 선택한 음료에 아주 만족할 거예요!

## Practice

**Ⓐ** 알맞은 단어의 뜻을 찾아보세요.

specialty ⑤ 특선 식품
beverage ① 음료
taste ④ ~한 맛이 나다
order ③ 주문하다
temperature ② 온도
brew ⑦ 끓이다
bitter ⑧ (맛이) 쓴
smooth ⑩ 매끄러운
exactly ⑥ 정확하게
welcoming ⑨ 환영하는, 따뜻한

**Ⓑ** 문제를 읽고 알맞은 답을 찾아보세요.

**1** 앨런은 어디에서 일하나요? **b**
**2** 라떼를 만들 때 무엇이 중요한가요? **a**
**3** 앨런이 업무로서 하지 않은 일은 무엇인가요? **b**
**4** 앨런은 고객이 원하는 것을 정확히 알아요. 그는 뭐라고 불리나요? **a**

**Ⓒ** 다음 이야기를 읽고 빈칸을 채워보세요.

| Main Idea | A barista at the café<br>카페 바리스타 |
|---|---|
| Alan<br>앨런 | Alan is a barista. He is good at making all kinds of **beverages**.<br>앨런은 바리스타예요. 그는 모든 종류의 음료를 잘 만들어요. |
| Specialty<br>특기 | His **specialty** is latte. He warms up the milk to the perfect **temperature**. When he makes tea, he **brews** the tea perfectly.<br>그의 특선 음료는 라떼예요. 그는 우유를 딱 맞는 온도로 데워요. 그가 차를 만들 때 차를 딱 알맞게 끓여요. |
| Mind reader<br>독심술사 | He knows exactly what his customers want. He may be a **mind reader**.<br>그는 자신의 손님들이 원하는 것을 정확히 알고 있어요. 그는 독심술사일지도 몰라요. |

## Warm up

- 차가 고장나면 어디에 가나요?
- 자동차 정비소에 가본 적이 있나요?
- 정비공은 무엇을 하나요?

**본문 해석**

차가 고장 나면 당신은 무엇을 하나요? 차를 자동차 정비소에 견인해야 하죠. 밥은 자동차 정비소 정비공이에요. 그는 모든 종류의 차를 아주 잘 고쳐요.

사람들이 정비소에 차를 가져오면 밥은 보통 기계 부품들을 먼저 점검해요. 그는 차에 타서 점화 장치를 켜서 엔진의 시동을 걸어요. 그는 핸들과 전조등을 점검해요. 그는 엔진 소리를 점검해요. 그러고 나서 그는 차 배터리와 브레이크 오일을 점검해요. 브레이크를 점검하기 위해서 그는 시험 운전을 하고 브레이크를 시험해 봐요. 그러고 나서 그는 차 주인에게 차의 문제점에 대해 말해요.

안전을 위해서 각각의 차를 점검하는 것은 중요해요. 밥은 절대 고객들을 실망시키지 않아요. 자동차 엔진에서 이상한 소리가 날 때 집 주변 정비공을 찾으세요. 밥 같은 정비공들이 당신이 안전할 수 있도록 당신의 차를 점검해 줄 거예요.

## Practice

**Ⓐ** 알맞은 단어의 뜻을 찾아보세요.

break down ③ 고장 나다
mechanical ⑦ 기계로 작동되는
auto repair shop ⑤ 자동차 정비소
mechanic ② 정비공
tow ④ 견인하다
disappoint ⑩ 실망시키다
fix ① 수리하다
part ⑨ 부품
steering wheel ⑧ 핸들
ignition ⑥ 점화 장치

**Ⓑ** 문제를 읽고 알맞은 답을 찾아보세요.

**1** 차가 고장 나면 어디로 가야 할까요? **a**
**2** 엔진 시동을 걸기 위해서 밥은 무엇을 하나요? **c**
**3** 밥은 브레이크를 어떻게 점검하나요? **a**
**4** 엔진 소리를 확인한 후에, 그가 확인하지 않는 것은 무엇인가요? **c**

**Ⓒ** 다음 문장을 읽고 Bob이 차를 점검하는 방법을 순서대로 번호를 쓰세요.

③ He checks the car battery and the brake oil.
그는 차 배터리와 브레이크 오일을 점검해요.

② He checks the steering wheel and the headlights.
그는 핸들과 전조등을 점검해요.

① He gets in the car and turns the ignition on.
그는 차에 타서 점화 장치를 켜서 엔진의 시동을 걸어요.

## Unit 07 음악 개인 교사

### Warm up

- 악기를 연주할 수 있나요?
- 그 악기를 연주하는 법을 언제 배우기 시작했나요?
- 누가 당신에게 연주하는 법을 가르쳐주었나요?

**본문 해석**

헨슨은 음악 개인 교사예요. 그는 시내에 스튜디오가 있고 기타를 가르쳐요. 그는 보통 거기에서 학생들을 위한 수업을 해요.

초급자들에게 헨슨은 보통 기타를 잡는 법과 튜닝하는 법 같은 기초적인 스킬들을 가르치는 것부터 시작해요. 그러고 나서 그들에게 코드, 음계, 멜로디를 연주하는 법을 가르쳐요. 학생들은 조금 지나면 자신감을 갖고 전곡을 연주하도록 배워요. 결국에는 학생들은 핑거피킹 스타일로 연주를 할 수 있게 되고 친구들을 감명시킬 수 있게 되죠.

헨슨은 또한 상급반 학생들도 있어요. 그는 보통 그들 자신만의 스타일과 연주를 만들어 가는 데 중점을 둬요. 그는 또한 그들을 오디션, 리사이틀, 콘서트, 시험들에 준비시키기 위해서 그들에게 비법과 요령을 알려줍니다.

헨슨은 가끔 자유 시간이 나요. 그러면 그는 연주하는 법을 잊지 않기 위해 기타를 연습해요. 그는 또한 새로운 기술과 방법을 개발해서 학생들에게 가르쳐 줄 수 있도록 하기 위해 노력해요.

수업을 계획하고 일정을 짜는 것은 쉽지 않아요. 새로운 학생을 찾는 것은 특히 어려워요. 하지만 헨슨은 새로운 음악가들을 가르치고 그들이 향상되는 걸 지켜보는 것을 좋아해요.

* fingerpicking: 주로 손가락으로 줄을 튕겨서 연주하는 스타일

## Practice

Ⓐ 알맞은 단어의 뜻을 찾아보세요.

private ⑧ 전용의
hold ② 잡다
after a while ③ 얼마 후에
tune ① 음을 맞추다
chord ④ 화음
scale ⑨ 음계
advanced ⑦ 상급의

confidence ⑩ 자신감
impress ⑥ 깊은 인상을 주다
focus on ⑤ ~에 집중하다

Ⓑ 문제를 읽고 알맞은 답을 찾아보세요.
**1** 헨슨은 어떤 악기를 가르치나요? **c**
**2** 이야기에 따르면, 헨슨은 자유 시간이 생기면 무엇을 하나요? **b**
**3** 상급 학생들에 대해 사실이 아닌 것은 무엇인가요? **a**
**4** 헨슨이 가장 하기 어려워하는 일은 무엇인가요? **b**

Ⓒ 다음 문장을 읽고 Henson이 Beginner들을 가르치는 방법을 순서대로 번호를 쓰세요.

③ He teaches them how to play fingerpicking style.
그는 그들에게 핑거 피킹 스타일로 연주하는 법을 가르쳐요.

② He teaches them how to play chords, scales, and melodies.
그는 그들에게 코드, 음계, 멜로디를 연주하는 법을 가르쳐요.

① He teaches them how to hold and tune a guitar.
그는 그들에게 기타를 잡는 법과 튜닝하는 법을 가르쳐요.

## Unit 08 세탁소 주인

### Warm up

- 동네에 얼마나 많은 세탁소가 있나요?
- 당신 가족은 얼마나 자주 세탁소에 가나요?
- 세탁소에서 어떤 서비스를 이용하나요?

**본문 해석**

마리아와 톰은 동네에서 가장 큰 세탁소를 운영해요. 그들은 드라이 크리닝, 손세탁, 그리고 특수 세탁을 제공합니다. 마리아는 교복, 드레스, 신발 등의 수선 서비스를 제공해요.

마리아는 가정용 주문을 모두 처리해요. 그녀는 셔츠, 블라우스, 바지, 그리고 치마를 세탁하고 수선해요. 그녀는 또한 정장, 디자이너 옷, 그리고 가죽 재킷과 코트 같은 옷들의 특수 세탁을 해요. 톰은 상업용 주문을 모두 처리해요. 그는 동네의 미용실, 체육관, 식당, 사우나, 그리고 호텔들의 수건, 앞치마, 이불, 커튼, 그리고 카펫을 세탁해요. 그는 노년층 거주지에 대해 무료 신발 수선 서비스도 제공합니다.

마리아와 톰은 (고객들 옷을 세탁할 때) 친환경 제품과 세탁 과정을 제공하는 데 매우 자부심을 느낍니다. 그들은 고객들의 옷에 건강에 가장 좋은 세탁 방법을 제공하려고 해요. 그들은 고객들이 그들의 작업에 대해 만족하지 않을 시 무료 세탁을 제공해요. 하지만 그들은 무료 세탁을 해야만 한 적이 없어요! 마리아와 톰은 매우 친절한 세탁소 주인들로, 그들은 원스탑 서비스(한 곳에서 모두 처리하는 서비스)를 제공합니다.

## Practice

Ⓐ 알맞은 단어의 뜻을 찾아보세요.

provide ⑤ 제공하다
eco-friendly ⑧ 환경 친화적인
apron ② 앞치마
process ⑥ 과정
senior ⑦ 고령의
commercial ⑩ 상업용의
dry cleaner's ③ 세탁소
satisfy ⑨ 만족시키다
residence ① 주택
alter ④ 수선하다

Ⓑ 문제를 읽고 알맞은 답을 찾아보세요.
1 마리아와 톰의 세탁소에서 제공하지 않는 것은 무엇입니까? **c**
2 마리아와 톰이 자부심을 느끼는 것은 무엇인가요? **b**
3 마리아와 톰은 당신이 그들의 작업에 만족하지 않을 시 무엇을 제공하나요? **a**
4 마리아와 톰에 대해 사실이 아닌 것은 무엇인가요? **a**

Ⓒ 다음 이야기를 읽고 Maria와 Tom의 일을 비교하는 내용에 빈칸을 채워보세요.

| Maria 마리아 | Tom 톰 |
|---|---|
| She handles all the household orders.<br>그녀는 가정용 주문을 모두 처리해요. | He handles all the commercial orders.<br>그는 상업적인 주문을 모두 처리해요. |
| She cleans and alters shirts, blouses, pants, and skirts.<br>그녀는 셔츠, 블라우스, 바지 그리고 치마를 세탁하고 수선해요. | He cleans towels, aprons, duvets, curtains, and carpets.<br>그는 수건, 앞치마, 이불, 커튼 그리고 카펫을 세탁해요. |
| She also does special cleaning.<br>그녀는 특수 세탁도 합니다. | He even offers free shoe repair services for senior residences.<br>그는 노년층 거주지에 대해 무료 신발 수선 서비스도 제공합니다. |

## Unit 09 배달부

### Warm up
- 온라인 쇼핑과 쇼핑몰에 가는 것 중 어느 것을 선호하나요?
- 배달 서비스의 장점은 무엇인가요?
- 배달 서비스의 단점은 무엇인가요?

---

**본문 해석**

당신은 배달을 매일 어떻게 받게 되는지 알고 있나요? 배달부인 커크는 아침에 아주 일찍 일어나요. 그는 트럭을 운전해서 중앙 창고에 가서 자신의 지역에 배달할 상품을 수거해요.

그런 다음 그는 지점으로 와서 상품들을 주소에 따라 분류합니다. 그는 효율적으로 일할 수 있도록 경로를 계획해야만 해요. 만일 그렇게 안 하면 그는 한 지역에 운전해서 갔다가 다음에는 동네의 반대편으로 운전해서 가야 할 수도 있어요.

커크는 이른 아침부터 밤 늦게까지 일해요. 그 무엇도 그가 상품을 여러분의 문 앞에 배달하는 것을 막을 수는 없어요. 날씨도 그를 막지 못해요. 타는 듯이 덥거나 매섭게 추울 때도 그는 멈추지 않아요. 비나 눈이 올 때도 그가 상품을 당신의 문 앞에 배달할 거라는 걸 믿으셔도 돼요.

커크는 "저는 엘리베이터가 있는 아파트가 좋아요. 아파트에 엘리베이터가 없으면 일할 때 매우 힘들죠." 하고 말한 적이 있어요. "하지만 저는 제 일을 좋아해요. 월급도 좋고 탄력 근무제를 하거든요." 하고 그는 덧붙였어요.

## Practice

Ⓐ 알맞은 단어의 뜻을 찾아보세요.
address ② 주소
opposite ⑥ 반대의
central ⑩ 중앙의
blazing ③ 타는 듯이 더운
collect ④ 수거하다
freezing ⑤ 몹시 추운
branch office ⑨ 지사
depot ① 창고
sort ⑧ 분류하다
efficient ⑦ 효율적인

Ⓑ 문제를 읽고 알맞은 답을 찾아보세요.
1 커크는 아침에 어디에 가나요? **c**
2 경로를 계획하는 것은 왜 도움이 되나요? **a**
3 커크의 일을 쉽게 만드는 것은 무엇인가요? **b**
4 커크가 자신의 일을 좋아하는 이유는 무엇인가요? **a**

Ⓒ 다음 이야기를 읽고 빈칸을 채워보세요.

| Main Idea | A delivery man<br>배달부 |
|---|---|
| Kirk<br>커크 | He wakes up very early in the morning. He goes to the central depot and collects the delivery goods for his area.<br>그는 아침에 아주 일찍 일어나요. 그는 중앙 창고에 가서 자기 지역의 배달 상품을 수거해요. |

| Branch office 지점 | At the <u>branch</u> office, he <u>sorts</u> the goods by the addresses. He has to plan his <u>routes</u> so he can be efficient. |
| --- | --- |
| | 지점에서 그는 상품들을 주소에 따라 분류해요. 그는 효율적으로 일할 수 있도록 경로를 계획해야만 해요. |
| Weather 날씨 | He never <u>stops</u>, even when it's hot or cold. |
| | 그는 덥거나 추울 때도 결코 멈추지 않아요. |

## Unit 10 약국 약사

### Warm up

- 약사는 무슨 일을 하나요?
- 약은 언제 먹나요?
- 약국에 갔을 때 약에 대해 물어본 적이 있나요?

**본문 해석**

앨리는 약사예요. 그녀의 엄마도 약사예요. 앨리는 엄마의 직업이 정말 멋있다고 생각했어요. 앨리는 엄마가 사람들이 더 건강하고 나은 생활을 하도록 돕는 게 좋았어요. 그래서 앨리가 약사가 된 것은 당연한 일이죠.

고객들이 약국에 올 때 앨리는 처방전대로 조제를 하고 약을 몇 번 복용해야 하는지 설명해요. 그리고 나서 그녀는 약이 어떤 작용을 하는지와 부작용에 대해서도 설명해요. 어떤 것은 알약이고, 물과 함께 삼킬 수 있는 가루약도 있어요. 어떤 것은 상처에 바르는 연고예요.

몇 년 전에 앨리는 자신의 유튜브 채널을 시작했어요. 그녀는 여러 가지 종류의 약에 대해 설명해요. 그녀의 최고 인기 비디오는 "약이 되는 음식"에 대해 말했을 때였어요. 그녀는 어떤 음식들을 어떻게 약처럼 사용할 수 있는지에 대해 말했어요.

그녀는 그 영상 하나로 십만 명 이상의 팔로워가 생겼어요. 그녀는 동네에서 인기있는 약사이자 온라인상의 인기 유튜버예요.

## Practice

**A** 알맞은 단어의 뜻을 찾아보세요.

medicine ① 약
wound ⑥ 상처
pharmacist ③ 약사
prescription ⑤ 처방전
explain ⑧ 설명하다
natural ⑦ 당연한

side effect ⑩ 부작용
swallow ④ 삼키다
ointment ⑨ 연고
drug store ② 약국

**B** 문제를 읽고 알맞은 답을 찾아보세요.

**1** 앨리의 엄마는 직업이 무엇인가요? **c**
**2** 앨리는 고객들이 약국에 왔을 때 무엇을 하나요? **a**
**3** 상처에 바르는 형태의 약은 무엇인가요? **b**
**4** 앨리는 어떻게 인기있게 되었나요? **a**

**C** 다음 이야기를 읽고 빈칸을 채워보세요.

| Main Idea | A pharmacist in the drug store 약국 약사 |
| --- | --- |
| Ally 앨리 | Ally and her mom are <u>pharmacists</u>. Ally liked her mom's job because her mom helped people live <u>healthier</u> lives. |
| | 엘리와 엘리의 엄마는 약사예요. 앨리는 자신의 엄마가 사람들이 더 건강하게 살도록 도왔기 때문에 엄마의 직업을 좋아했어요. |
| Drug store 약국 | At the <u>drug</u> store, Ally <u>fills</u> the prescriptions and explains how many times they should <u>take</u> the medicine. |
| | 약국에서 앨리는 처방전대로 조제하고 그 약을 몇 번 먹어야 하는지 설명해요. |
| YouTuber 유튜버 | Ally has her own YouTube channel and <u>explains</u> about different types of medicine. She is a <u>popular</u> pharmacist and YouTuber. |
| | 앨리는 자신의 유튜브 채널을 가지고 있고 여러 가지 종류의 약에 대해 설명해요. 그녀는 인기있는 약사이자 유튜버예요. |

## Vocabulary Review 1 *(Unit 01-10)*

**A** 일치하는 우리말 뜻을 찾아 쓰세요.

**1 b**-궁금한　**2 e**-정육점 주인　**3 g**-점장
**4 i**-환영하다, 맞이하다　　　**5 a**-음료
**6 c**-정비공　**7 f**-개인 지도 교사
**8 h**-세탁소　**9 j**-배달부　**10 d**-약국

**B** 반의어를 찾아 연결하세요.

**1** unload 내리다 - load 싣다
**2** friendly 친절한 - unfriendly 불친절한
**3** efficient 효율적인 - inefficient 비효율적인
**4** senior 고령의, 손위의 - junior 연하의, 손아래의

**5** smooth 부드러운 - rough 거친
**6** happy 행복한 - unhappy 불행한

**ⓒ** 단어를 골라 문장을 완성해보세요.
**1** is, 그는 자신의 음식에 매우 자부심이 있어요.
**2** for, 그는 거의 30년 동안 정육점에서 일해오고 있어요.
**3** to, 그녀는 직원들에게 슈퍼마켓을 청소하라고 말해야 해요.
**4** for, 판매원은 친절한 것이 중요해요.
**5** warms, 그는 최적의 온도로 우유를 데워요.
**6** when, 차가 고장 나면 무엇을 하나요?
**7** sometimes, 헨슨은 가끔 자유 시간이 나요.
**8** healthiest, 그들은 고객들에게 건강에 가장 좋은 세탁 방법을 제공해요.
**9** when, 비나 눈이 올 때도 그가 상품을 당신의 문 앞에 배달할 거라는 걸 믿으셔도 돼요.
**10** ago, 몇 년 전에 앨리는 자신의 유튜브 채널을 시작했어요.

**ⓓ** 알맞은 단어를 써서 문장을 완성해보세요.
**1** early, 그들은 아침에 일찍 가게에 와요.
**2** responsibilities, 그녀는 많은 역할과 책임이 있어요.
**3** born, 그녀는 타고난 판매원이에요.
**4** good, 그는 또한 모든 종류의 음료를 잘 만들어요.
**5** in, 그는 차에 타서 (전화 장치를 돌려서) 시동을 걸어요.
**6** up, 그는 보통 그들만의 스타일을 만들어 가는 데 중점을 둡니다.
**7** from, 커크는 아침 일찍부터 밤 늦게까지 일해요.
**8** put, 어떤 것들은 상처에 바르는 연고예요.

# Part II

# Public Sector Jobs
## 공공 부문 직업들

### Unit 11 경찰서 경찰관

#### Warm up
- 도둑을 본다면 우리는 어디로 가야 하나요?
- 경찰관은 무슨 일을 하나요?
- 경찰관이 왜 우리 마을에 중요할까요?

**본문 해석**

경찰관은 우리를 안전하게 지켜주는 사람들이에요. 우리는 절도와 같은 범죄를 겪게 되면 그들에게 가요.

샘은 우리 동네의 경찰관이에요. 그녀는 마을 순찰을 돌고, 긴급 전화가 오면 응대를 해요. 범죄가 있을 때, 그녀는 용의자들을 면담하고, 증거를 수집하고, 진술서를 받아요.

경찰에는 많은 부서가 있어요. 일반지원팀, 수색팀, 청소년팀, 경찰견 수색팀이 있어요. 샘은 일반지원팀에서 일하고 매주 교대 근무를 해요. 며칠은 주간에 일하고 다른 며칠은 야간에 일해요.

샘은 그녀의 동네를 더 안전한 곳으로 만든다는 데 큰 자부심을 가지고 있어요. 그녀의 어머니는 샘을 걱정해요. 경찰관 업무가 매우 위험할 수 있고, 불규칙한 업무 일정은 그녀의 건강에 좋지 않아요. 샘은 그녀의 어머니를 안심시키기 위해서 최선을 다해요. 그녀는 그녀가 괜찮다고 알려드리기 위해 자주 엄마에게 전화를 해요. 그녀는 또한 매년 건강검진을 통해 자신의 건강을 점검해서 자신이 건강한 상태인 것을 확인해요.

### Practice

**ⓐ** 알맞은 단어의 뜻을 찾아보세요.
evidence ④ 증거
theft ⑤ 절도
take pride in ⑦ ~에 자부심을 느끼다
emergency ⑩ 위급
crime ⑧ 범죄
suspect ① 용의자
gather ③ 모으다
interview ② 면담하다
statement ⑨ 진술
patrol ⑥ 순찰을 돌다

**ⓑ** 문제를 읽고 알맞은 답을 찾아보세요.
**1** 샘이 경찰관으로서 하지 않는 일은 무엇인가요? **c**
**2** 샘은 경찰에서 어떤 부서에서 일하나요? **c**

**3** 샘의 근무 스케줄에 대해서 사실인 것은 무엇인가요? **c**

**4** 그녀는 어떻게 어머니를 안심시켜 드리나요? **a**

**C** 다음 이야기를 읽고 빈칸을 채워보세요.

| Main Idea | A police officer in the police station<br>경찰서 경찰관 |
|---|---|
| Sam<br>샘 | She <u>patrols</u> the town and responds to emergency calls.<br>그녀는 마을 순찰을 돌고, 긴급 전화가 오면 응대를 해요. |
| Units<br>부서들 | There are the general <u>unit</u>, search team, youth engagement team and the dog <u>support</u> unit.<br>일반지원팀, 수색팀, 청소년팀, 경찰견 수색팀이 있어요. |
| Mother<br>엄마 | Her mother is <u>worried</u> about Sam, so Sam tries her best to <u>comfort</u> her mother.<br>그녀의 엄마는 샘을 걱정해요. 그래서 샘은 그녀의 어머니를 안심시키기 위해서 최선을 다해요 |

# Unit 12 소방서 소방관

## Warm up

- 소방관은 무슨 일을 하나요?
- 소방관이 되는 것의 가장 어려운 점은 무엇인가요?
- 왜 소방관은 운동을 해야 할 필요가 있을까요?

**본문 해석**

팻은 동네에서 소방관으로 일해요. 그녀는 불이 났을 때 많은 일을 해요. 그녀는 불을 끄고, 사람들을 찾아서 구조하고, 아프거나 다친 사람들을 치료해요.

그녀는 10년 이상 소방관으로 일하고 있어요. 하지만 그녀는 여전히 이 직업이 아주 어렵다고 생각해요. 많은 상황에서 그녀는 결정을 내리는 일이 너무 어려워요. 예를 들어, 불 속에 두 사람이 있다고 상상해 보세요. 만약 한 사람만 구할 수 있는 시간이 있다면 누구를 구해야 할까요? 당신은 덜 다친 사람을 선택할 건가요, 아니면 더 다친 사람을 선택할 건가요? 그와 같은 상황에서 당신은 옳은 결정을 내릴 수 있나요?

건강을 유지하는 것도 팻에게는 쉬운 일이 아니에요. 소방관들은 때로는 사람들을 나르거나 무거운 물건들을 들어야만 해요. 소방관들이 사용하는 물 호스도 아주 무거워요. 그녀는 항상 응급상황에 대비할 수 있도록 꾸준히 운동하고 열심히 훈련해야만 해요.

하지만 그녀는 사람들을 구할 수 있어서 행복해요. 그녀는 훈련이 그녀가 만반의 준비가 되어 있게 해줄 거라고 믿어요.

## Practice

**A** 알맞은 단어의 뜻을 찾아보세요.

fire fighter ② 소방관
lift ⑨ 들어 올리다
work out ⑥ 운동하다
injured ④ 부상을 입은
situation ⑩ 상황
decision ③ 결정
put out ① 불을 끄다
hose ⑤ 호스
rescue ⑦ 구조하다
at times ⑧ 가끔, 때로는

**B** 문제를 읽고 알맞은 답을 찾아보세요.

**1** 팻이 소방관으로서 하지 않는 일은 무엇인가요? **c**

**2** 어떤 점이 팻으로 하여금 이 직업이 그녀에게 어렵다고 느끼게 만드나요? **a**

**3** 팻은 어떻게 건강을 유지하나요? **a**

**4** 팻이 건강을 유지해야만 하는 이유가 아닌 것은 무엇인가요? **c**

**C** 다음 이야기를 읽고 빈칸을 채워보세요.

| Main Idea | A fire fighter in the fire station<br>소방서 소방관 |
|---|---|
| Pat<br>팻 | Pat works as a <u>fire fighter</u>. She <u>puts out</u> the fire, finds and rescues people, and treats sick or injured people.<br>팻은 소방관으로 일해요. 그녀는 불을 끄고, 사람들을 찾아서 구조하고, 아프거나 다친 사람들을 치료해요. |
| Making decisions<br>결정하기 | She still thinks the job is very <u>difficult</u> for her. In many situations, it's very hard for her to make <u>decisions</u>.<br>그녀는 여전히 이 직업이 아주 어렵다고 생각해요. 많은 상황에서 그녀는 결정을 내리는 일이 너무 어려워요. |
| Staying fit<br>건강 유지하기 | Fire fighters must <u>carry</u> people or lift heavy things at times. She has to keep working out and <u>training</u> hard.<br>소방관들은 때로는 사람들을 나르거나 무거운 물건들을 들어야만 해요. 그녀는 꾸준히 운동하고 열심히 훈련해야만 해요. |

# Unit 13 정부 공무원

## Warm up

- 여러분이 사는 도시의 시장은 누구인가요?
- 시장은 어디에서 일하나요?
- 시장이 하는 일은 무엇인가요?

### 본문 해석

시장은 가장 잘 알려진 시청의 직업이에요. 하지만 시청에는 도시를 뒷받침하는 일을 도와줄 다른 인력들이 필요해요. 많은 직원들이 재정업무, 공공업무, 재난안전관리 등의 다양한 부서에 고용되어 일하고 있어요.

마일스는 재난안전관리 부서에서 일하고 있어요. 이 부서는 언제 어디서나 공공의 안전을 위해 일해요. 그들은 주로 재난 대응 계획을 세우고 이재민들에게 구호품을 제공합니다. 그들은 사람들에게 자연재해를 경고하기도 해요. 그들은 사람들의 생명을 보호하려고 노력해요.

한번은 비가 많이 내려서 동네에 홍수가 났어요. 마일스는 그날 밤을 샜어요. 그는 밤새 동네를 분주하게 돌아다니며 홍수 상황을 점검했어요. 그는 계속해서 주민들에게 위험 지역에 대한 메시지를 보냈어요. 그는 쉬지 않고 밤새 일했어요.

주민들은 거기에 사는 것을 좋아하고, 마일스를 좋아해요. 마일스는 주민들을 위해 동네를 안전한 장소로 만들려고 매우 열심히 일해요.

## Practice

**A** 알맞은 단어의 뜻을 찾아보세요.

flood ③ 홍수
city hall ① 시청
require ④ 필요하다
disaster ② 재난
a variety of ⑩ 여러 가지의
relief ⑨ 구호, 구호품
victim ⑥ 피해자
well-known ⑧ 잘 알려진
employ ⑦ 고용하다
finance ⑤ 재원, 재정

**B** 문제를 읽고 알맞은 답을 찾아보세요.

**1** 마일스가 직장에서 하지 않는 일은 무엇인가요? **a**
**2** 마일스는 어디에서 일을 하나요? **b**
**3** 마일스는 자신의 동네가 어떻게 되기를 원하나요? **a**
**4** 동네에 홍수가 났을 때 마일스에 대해 사실이 아닌 것은 무엇인가요? **b**

---

**C** 다음 문장을 읽고 Miles가 홍수가 일어난 날에 한 일이 맞으면 T, 틀리면 F를 쓰세요.

**T** He was busy going around the town all night, and checked the flood.
그는 밤새 동네를 분주하게 돌아다니며 홍수 상황을 점검했어요.

**T** He continuously sent messages to the townspeople about the dangerous areas.
그는 계속해서 주민들에게 위험 지역에 대한 메시지를 보냈어요.

**F** He went home as soon as his work finished.
그는 일이 끝나자마자 집에 갔어요.

# Unit 14 학교 선생님

## Warm up

- 가장 좋아하는 선생님은 누구인가요?
- 왜 그 선생님을 좋아하나요?
- 그 선생님의 특별한 점은 무엇인가요?

### 본문 해석

에릭은 힐탑 초등학교에서 근무해요. 그는 아마 힐탑에서 가장 바쁜 선생님일 거예요. 그는 근무 시간에는 영어를 가르쳐요. 수업이 없을 때 그는 퀴즈와 시험 문제를 만들고 그것들을 채점해요. 그는 또한 학생들을 상담하고 그들의 부모들과 소통해요.

에릭은 1, 2학년 아이들과 수업할 때는 주로 사진과 그림을 이용해요. 그는 어린 아이들은 단어를 습득할 때 시각화해 주면 더 잘 배운다고 생각해요. 3학년부터 6학년 학생들에게는 책을 많이 읽게 해요. 그는 책을 많이 읽는 것이 언어를 배우는 가장 좋은 방법이라고 생각해요. 학생들은 언어와 문화를 동시에 배울 수 있어요. 그의 학생들은 책에 대해 토의하고 그 후에는 에세이를 써요. 그렇게 함으로써 그들은 어휘와 문법을 배울 뿐만 아니라 말하기와 글쓰기 실력도 향상시켜요.

에릭은 그의 학생들을 사랑하고, 학생들은 그걸 알아요. 그는 항상 학생들을 위해 최고의 교수법을 찾으려고 노력해요. 그 결과 그의 학생들과 부모들은 그를 아주 좋아해요. 에릭은 분명히 힐탑에서 가장 인기있는 선생님이에요.

## Practice

**A** 알맞은 단어의 뜻을 찾아보세요.

adore ⑧ 흠모하다, 매우 좋아하다
communicate ① 의사소통을 하다
visualize ③ 시각화하다

discuss ⑩ 토론하다
certainly ⑨ 틀림없이
mark ② 채점하다
grammar ④ 문법
method ⑤ 방법
advise ⑥ 충고하다
at the same time ⑦ 동시에

Ⓑ 문제를 읽고 알맞은 답을 찾아보세요.

**1** 에릭은 학교에서 무엇을 가르치나요? **c**

**2** 에릭은 수업이 아닐 때 무엇을 하나요? **c**

**3** 에릭에 대해 사실이 아닌 것은? **c**

**4** 4학년 학생들에게 에릭이 시키는 것은 무엇인가요? **a**

Ⓒ 다음 이야기를 읽고 비교하는 내용에 빈칸을 채워보세요.

| **G1 and G2**<br>1학년과 2학년 | **G3 to G6**<br>3학년부터 6학년 |
| --- | --- |
| Eric mainly uses **pictures** and **drawings** in class with G1 and G2. Young children learn words better by **visualizing** them.<br>에릭은 1, 2학년 수업에서는 주로 사진과 그림을 이용해요. 어린 학생들은 단어를 습득할 때 시각화해 주면 더 잘 배워요. | He has them **read** many books. It is the best way to learn a language. Students can learn the language and **culture**.<br>그는 그들에게 책을 많이 읽게 해요. 그것은 언어를 배우는 가장 좋은 방법이에요. 학생들은 언어와 문화를 배울 수 있어요. |

## Unit 15 시민문화회관 강사

### Warm up

- 여러분의 동네에 시민문화회관이 있나요?
- 시민문화회관에서 사람들은 무엇을 배울 수 있나요?
- 여러분은 무언가를 배우러 시민문화회관에 간 적이 있나요?

**본문 해석**

테리는 65세의 여성이에요. 그녀는 시민문화회관에서 시간 강사로 일해요. 그녀는 노인들에게 컴퓨터와 스마트폰을 이용하는 법에 대한 기초적인 기술을 강의하고 있어요.

스마트폰 수업에서 학생들은 기초부터 배우기 시작해요. 첫 번째, 그들은 스마트폰을 켜고 끄는 법을 배워요. 그 다음에 패턴을 그리거나 비밀번호를 입력하거나, 지문을 사용해서 스마트폰 잠금을 푸는 법을 배워요. 그들은 또 엄지손가락과 집게 손가락으로 화면을 확대하는 법도 배워요. 그 다음에, 그들은 전화를 하고 문자를 보내는 법을 배워요. 마지막으로, 그들은 새로운 앱을 찾고, 다운받고, 등록하는 법을 배워요.

컴퓨터 수업에서 학생들은 타자 치는 것과 이메일을 쓰고 보내는 것 이외에도 파일을 첨부하는 것을 배웁니다. 노인들은 손주들의 이메일에 답장하기 위해 이런 기술들을 배우고 싶어해요. 하지만 기초 인터넷 탐색 배우기가 가장 인기있는 수업 활동이에요. 그들은 뉴스를 읽고, 자기 자신이나 가족들을 위한 선물을 사기 위해 이런 기술들을 배우고 싶어해요.

테리의 수업은 동네의 노인들에게 훌륭한 수업이에요. 그들은 곧 흥미를 느끼고 더 많이 배우고 싶어해요.

## Practice

Ⓐ 알맞은 단어의 뜻을 찾아보세요.

zoom in ⑥ 확대하다
eager ① 열렬한
attach ⑧ 첨부하다
type ② 타자 치다
in addition to ③ ~에 더하여
fingerprint ⑦ 지문
instructor ⑩ 강사
sign up ⑤ 가입하다
pattern ⑨ 모양
reply ④ 응답하다

Ⓑ 문제를 읽고 알맞은 답을 찾아보세요.

**1** 테리는 어디에서 일하나요? **c**

**2** 테리가 시민문화회관에서 가르치지 않는 것은 무엇인가요? **b**

**3** 테리에 대해 사실이 아닌 것은 무엇인가요? **c**

**4** 컴퓨터 수업에서 학생들은 무엇을 배우기를 원하나요? **a**

Ⓒ 다음 이야기를 읽고 비교하는 내용에 빈칸을 채워보세요.

| **Smartphone class**<br>스마트폰 수업 | **Computer class**<br>컴퓨터 수업 |
| --- | --- |
| Students can learn how to…<br>학생들은 …하는 법을 배울 수 있어요.<br>• **turn** the phone on and off<br>스마트폰을 켜고 끄기<br>• unlock the phone<br>스마트폰 잠금 풀기<br>• **zoom** in<br>확대하기<br>• call and **send** text messages<br>전화하고 문자 보내기 | Students can learn how to…<br>학생들은 …하는 법을 배울 수 있어요.<br>• **attach** files<br>파일을 첨부하기<br>• type, write and send **emails**<br>타자 치기, 이메일 쓰고 보내기<br>• do basic Internet browsing<br>기초적인 인터넷 탐색하기<br>• read news and **buy** presents<br>뉴스 기사를 읽고 선물 사기 |

## Unit 16 도서관 사서

### Warm up

- 사서는 어디에서 일하나요?
- 사서가 하는 일은 무엇인가요?
- 사서한테 책을 추천해달라고 요청한 적이 있나요?

### 본문 해석

헨슨은 동네 도서관에서 17년 동안 일하고 있어요. 그는 사서로 일하고 있어요. 하지만 가장 경력이 많은 사람으로서, 그의 책임에는 직원 감독이 포함되어 있어요. 그는 그의 보조 사서들을 항상 교육해요.

헨슨은 그들에게 무엇을 교육시킬까요? 그는 그들에게 반납된 도서를 서가에 다시 꽂는 법에 대해 가르쳐요. 그는 또한 고객들이 도서를 찾는 것을 돕는 법을 가르쳐요. 또한 그는 새로운 책 권하는 법도 가르쳐요.

게다가, 헨슨은 그의 보조 사서들에게 온라인 데이터베이스를 만드는 법도 교육해요. 도서관에서는 필요한 정보에 쉽게 접근하는 것이 중요해요. 그래서 그는 그들에게 이용자들의 도서관 카드 정보를 컴퓨터에 기입하는 법을 가르쳐요. 그는 또한 새로운 도서 목록을 만들고 그에 따라 데이터베이스를 갱신하는 법도 가르쳐요.

헨슨은 교육을 하지 않을 때 새로운 독서 트렌드를 찾아요. 그는 그가 찾은 결과물과 생각들을 자신의 보조 사서들과 나눠요. 그가 열심히 일한 덕분에 그의 도서관은 항상 활기가 넘쳐요. 그곳은 항상 새로운 것으로 가득 차 있어요.

### Practice

Ⓐ 알맞은 단어의 뜻을 찾아보세요.

search for ⑩ ~을 찾다
experienced ⑤ 경력이 있는
oversee ⑨ 감독하다
personnel ③ 인원
access ⑦ 접근
librarian ② 사서
suggestion ④ 제안
aid ① 도움, 조수
catalog ⑥ 목록을 작성하다
inventory ⑧ 목록

Ⓑ 문제를 읽고 알맞은 답을 찾아보세요.

**1** 헨슨의 직업은 무엇인가요? **c**
**2** 헨슨이 그의 보조 사서들에게 교육하지 않는 것은 무엇에 대한 것인가요? **a**
**3** 헨슨에 대해 사실이 아닌 것은 무엇인가요? **b**
**4** 헨슨이 쉬운 정보 접근을 위해 보조 사서들에게 교육하지 않는 것은 무엇인가요? **c**

Ⓒ 다음 문장을 읽고 Henson의 일이 맞으면 T, 틀리면 F를 쓰세요.

**F** He trains his assistants on how to read books.
그는 보조 사서들에게 책을 읽는 법을 교육해요.

**T** He trains his assistants on how to create an online database.
그는 그의 보조 사서들에게 온라인 데이타베이스를 만드는 법을 교육해요.

**T** He shares his findings and ideas with his aides.
그는 그가 찾은 결과물과 생각들을 자신의 보조 사서들과 나눠요.

## Unit 17 지하철 직원

### Warm up

- 얼마나 자주 지하철을 타나요?
- 지하철을 이용하는 것의 좋은 점과 나쁜 점은 무엇인가요?
- 지하철에서 누가 일하는지 아나요?

### 본문 해석

지하철 시스템을 유지하는 데에는 많은 직업들이 필요해요. 그들은 매표원, 지하철 기관사, 기술자, 그리고 지하철 청소부예요.

데이비드는 어렸을 때는 매표원이 되고 싶었어요. 하지만 그는 마음을 바꿔 지하철 기관사가 되었어요. 사람들은 예전에 매표원에게 표를 샀어요. 현재는 승차권 자동판매기에서 표를 사요.

지하철 기관사로서 데이비드는 지하철을 운행해요. 그는 교통 신호를 확인하고 지하철 속도를 조절해요. 그는 노선의 역들에 멈춰요. 그는 안내 방송을 하고 승객들을 태우거나 내려줘요.

데이비드는 안전을 아주 중요하게 생각해요. 그는 자세히 살펴보고, 승객들이 지하철을 타고 내릴 때 도와줘요. 그는 운행 일정도 아주 중요하게 여겨요. 그는 지하철이 각 역에 정차하는 시간을 자세히 살펴봐요. 그는 다른 지하철과의 충돌을 피하기 위해서 지연이 발생했을 때는 상사에게 보고해요.

데이비드는 안전한 지하철 시스템을 유지하는 것에 큰 자부심을 가지고 있어요. 그는 그의 일을 좋아하고 완벽하게 해내요.

### Practice

Ⓐ 알맞은 단어의 뜻을 찾아보세요.

maintain ② 유지하다
conductor ① 안내원
drop off ⑥ 내려주다
delay ⑩ 지연
crash ⑨ 충돌하다

pick up ⑤ 태우다
transit ④ 교통 체계
exit ⑧ 나가다
automated ⑦ 자동화된
operate ③ 운행하다

**B** 문제를 읽고 알맞은 답을 찾아보세요.

**1** 지하철과 관련 있는 직업이 아닌 것은? **c**

**2** 사람들은 현재 어디에서 표를 사나요? **a**

**3** 지하철 기관사로서 데이비드에 대한 사실이 아닌 것은? **a**

**4** 데이비드는 지연이 생겼을 때 왜 상사에게 보고를 하나요? **a**

**C** 다음 이야기를 읽고 빈칸을 채워보세요.

| Main Idea | Train workers in the subway |
|---|---|
| | 지하철 직원 |
| **David**<br>데이비드 | David became a subway <u>operator</u>.<br>데이비드는 지하철 기관사가 되었어요. |
| **Operator**<br>기관사 | He operates his subway vehicles, checks the traffic <u>signals</u>, and <u>controls</u> the speed of the train. He <u>picks up</u> or drops off the passengers.<br>그는 지하철을 운행하고, 교통 신호를 확인하고 지하철 속도를 조절해요. 그는 승객들을 태우거나 내려줘요. |
| **Safety**<br>안전 | He takes <u>pride</u> in maintaining a <u>safe</u> subway system.<br>데이비드는 안전한 지하철 시스템을 유지하는 것에 자부심을 가지고 있어요. |

**Unit 18 우체국 우체부**

*Warm up*

- 우체부는 누구인가요?
- 여러분은 우편물이나 소포를 어떻게 받나요?
- 여러분은 우편물이나 소포를 어떻게 보내나요?

**본문 해석**

우체국 직원들은 다양한 업무가 있어요. 어떤 사람들은 (우편물을) 모아서 분류하는 것을 전문으로 해요. 또 다른 사람들은 배달을 전문으로 해요.

제이크는 (우편물을) 모아서 분류하는 부서에서 일하고 있어요. 그는 우편물과 소포를 모으기 위해서 순찰을 돌아요. 그는 우체국에 돌아온 후에, 그는 우편 번호에 따라 우편물과 소포를 분류해요. 제이크같은 사람들이 없다면 우리들의 우편물은 엉뚱한 주소에 배달될 거예요.

마이클은 배달 부서에서 일해요. 그는 분류된 소포 무더기들을 가져가서 자신의 트럭에 실어요. 그는 트럭에 타고 배달을 해요. 마이클은 우편물이나 서류는 배달하지 않아요. 어떤 우편물이나 서류는 등기나 보험 처리가 되어 있어서 우편 배달부가 그것들을 처리해요. 그것들은 수취인한테 서명을 받아야만 해요.

대부분의 동네 사람들은 어떻게 그들이 배달을 받는지 알지 못해요. 제이크와 마이클 같은 사람들은 보이지 않는 곳에서 열심히 일하는 분들이에요. 그들이 없다면 우리가 우편물이나 소포를 받는 것이 그렇게 쉽지 않을 거예요.

*Practice*

**A** 알맞은 단어의 뜻을 찾아보세요.

postal worker ⑩ 우체국 직원
duty ① 직무
wrong ② 틀린
parcel ④ 소포
document ③ 서류
register ⑤ 기재하다
insure ⑥ 보험에 들다
pile ⑨ 더미
receiver ⑧ 수취인
signature ⑦ 서명

**B** 문제를 읽고 알맞은 답을 찾아보세요.

**1** 우체국 직원의 업무가 아닌 것을 무엇인가요? **c**

**2** 제이크는 우편물과 소포를 어떻게 분류하나요? **a**

**3** 배달 부서에서 마이클이 하지 않는 일은 무엇인가요? **c**

**4** 마이클의 일에 대해서 사실이 아닌 것은 무엇인가요? **b**

**C** 다음 이야기를 읽고 Jake와 Michael의 일을 비교하는 내용에 빈칸을 채워보세요.

| Jake in collecting & sorting section<br>모아서 분류하는 부서의 제이크 | Michael in delivery section<br>배달 부서의 마이클 |
|---|---|
| He does his rounds to <u>collect</u> mail and parcels. He <u>sorts</u> the mail and parcels by postal code.<br>그는 우편물과 소포를 모으기 위해서 순찰을 돌아요. 그는 우편 번호에 따라 우편과 소포를 분류해요. | He <u>picks</u> up piles of sorted parcels and <u>loads</u> them up in his truck. Some mail and documents are <u>registered</u> or insured so mail <u>carriers</u> handle those items.<br>그는 분류가 된 소포 무더기를 가져가서 트럭에 실어요. 어떤 우편물이나 서류는 등기나 보험 처리가 되어 있어서 우편 배달부가 그것들을 처리해요. |

## Unit 19 군대 군인

### Warm up

- 군인은 무슨 일을 하나요?
- 군인은 우리 사회에서 왜 중요할까요?
- 해군과 공군은 어떤 차이가 있나요?

### 본문 해석

마이크, 미셸, 그리고 마크는 군인 집안 출신이에요. 그들의 부모님도 군인이에요. 그들은 모두 군 기지에 거주해요.

마이크는 육군 병장이에요. 그는 라이플이나 권총 같은 무기 전문가예요. 그는 4명의 소부대를 이끌고 있어요. 그와 그의 팀은 지상 전투를 할 수 있도록 훈련을 받아요.

미셸은 해군이에요. 해군에는 잠수함이나 항공모함 같은 특수 군함들이 있어요. 그녀는 항공모함의 하나에 타고 있어요. 하지만 그녀는 잠수함에 타기를 원해요. 그녀는 바닷속으로 들어가는 게 해군 장교에게는 가장 멋있는 일이라고 생각해요.

마크는 공군이에요. 그는 제트기 조종사예요. 그는 적군의 활동을 감시해요. 그는 발발 가능성이 있는 전쟁터와 목표물에 대한 정보를 모으기 위해 제트기로 출동해요.

그들은 모두 다른 방식으로 나라를 보호해요. 그들 덕분에 사람들은 집에서 안전하고 편안히 지낼 수 있어요.

### Practice

**A** 알맞은 단어의 뜻을 찾아보세요.

military ⑤ 군사의
enemy ⑧ 적
weapon ⑩ 무기
sergeant ⑦ 병장
combat ② 전투
warship ③ 군함
submarine ④ 잠수함
lead ① 이끌다
reside ⑥ 거주하다
battlefield ⑨ 전쟁터

**B** 문제를 읽고 알맞은 답을 찾아보세요.

**1** 마이크, 미셸, 그리고 마크는 어디에 거주하나요? **c**
**2** 마크는 무엇에 전문가인가요? **c**
**3** 미셸은 왜 잠수함을 타기 원하나요? **a**
**4** 마크는 어떻게 정보를 모으나요? **c**

**C** 다음 이야기를 읽고 빈칸을 채워보세요.

| Main Idea | Soldiers in the army<br>군대의 군인 |
| --- | --- |
| **Mike**<br>마이크 | Mike is in the army. He specializes in <u>weapons</u>. He and his team are trained to fight in <u>combat</u> on land.<br>마이크는 군인이에요. 그는 무기 전문가예요. 그와 그의 팀은 지상 전투를 할 수 있도록 훈련을 받아요. |
| **Michelle**<br>미셸 | Michelle is in the navy. She is on one of the <u>aircraft</u> carriers. But she wants to be on a <u>submarine</u>.<br>미셸은 해군이에요. 그녀는 항공모함의 하나에 타고 있어요. 하지만 그녀는 잠수함에 타기를 원해요. |
| **Mark**<br>마크 | Mark is in the air <u>force</u>. He flies his jet to <u>gather</u> information.<br>마크는 공군이에요. 그는 정보를 모으기 위해 제트기를 조종해요. |

## Unit 20 법원 판사

### Warm up

- 판사는 무슨 일을 하나요?
- 사람들은 언제 법원에 가나요?
- 판사는 우리 사회에 왜 중요할까요?

### 본문 해석

TV에서 법정을 본 적이 있나요? 검은색 가운을 입고 작은 망치를 들고 있는 사람을 본 것을 기억하나요? 그들을 판사라고 하는데 그들은 법정에서 판결을 내리는 사람이에요.

줄리는 판사예요. 사람들은 분쟁이 있을 때 그녀에게 가요. 그녀는 공정한 판결을 내려서 사회 정의를 지켜요. 줄리는 어떻게 그렇게 할까요? 그녀는 양측과 증인들의 주장을 들어요. 가끔씩 그녀는 듣고 증인들에게 질문을 해요. 그 다음에 그녀는 사건의 증거를 자세히 살펴보고 모든 사실들을 평가해요. 그녀는 마지막으로 자신의 법 해석에 따라서 그 문제에 대한 판결을 내려요. 그녀의 결정은 최종적인 것이지만 양측 중 한쪽이 판결을 받아들일 수 없다면 항소를 할 수 있어요.

줄리는 법정에서 공정하기 위해 최선을 다해요. 그녀는 정의 구현이 언제나 흑백논리로 되지 않는다는 걸 알아요. 그래서 그녀는 법정에 있지 않을 때는 자주 법들을 연구해요. 줄리는 동네와 사람들을 위해 언제나 정의를 구현해 왔고 앞으로도 계속 그럴 거예요.

## Practice

**A** 알맞은 단어의 뜻을 찾아보세요.

dispute ④ 분쟁
courtroom ③ 법정
judge ② 판사
justice ⑤ 정의
fair ⑧ 공정한
witness ⑦ 증인
court ⑥ 법원
interpretation ⑨ 해석
appeal ⑩ 항소하다
ruling ① 판결

**B** 문제를 읽고 알맞은 답을 찾아보세요.

**1** 법정에서 작은 망치를 들고 있는 사람을 뭐라고 부르나요? **a**
**2** 줄리가 법정에서 하지 않는 일은 무엇인가요? **c**
**3** 만약 판결을 받아들일 수 없으면 양측 중에서 한쪽은 무엇을 할까요? **b**
**4** 줄리는 법정에 없을 때 무엇을 하나요? **b**

**C** 다음 이야기를 읽고 빈칸을 채워보세요.

| Main Idea | Judges in the court<br>법원 판사 |
|---|---|
| Julie<br>줄리 | Julie is the <u>judge</u>. She maintains social <u>justice</u>.<br>줄리는 판사예요. 그녀는 사회 정의를 지켜요. |
| Doing 1<br>하는 일 1 | She hears the <u>arguments</u> of both parties. Then she looks closely at the <u>evidence</u> of the case and <u>assesses</u> all the facts. She finally issues a ruling.<br>그녀는 양측의 주장을 들어요. 그 다음에 그녀는 사건의 증거를 자세히 보고 모든 사실을 평가해요. 그녀는 마지막으로 판결을 내려요. |
| Doing 2<br>하는 일 2 | She tries her best to be fair in court. She has always served and will continue to <u>serve</u> justice to the town.<br>줄리는 법정에서 공정하기 위해 최선을 다해요. 줄리는 동네를 위해 언제나 정의를 구현해 왔고 앞으로도 계속 그럴 거예요. |

**B** 반의어를 찾아 연결하세요.

**1** lead 이끌다 - follow 따라가다
**2** pick up 태우다 - drop off 내려주다
**3** put out a fire 불을 끄다 - make a fire 불을 피우다
**4** employ 고용하다 - fire 해고하다
**5** exit 나가다 - enter 들어가다
**6** fair 공정한 - unfair 불공정한

**C** 단어를 골라 문장을 완성해보세요.

**1** who, 경찰관은 우리를 안전하게 지켜주는 사람들이에요.
**2** for, 그녀는 10년 이상 소방관으로 일하고 있어요.
**3** living, 주민들은 거기에 사는 것을 좋아하고, 마일스를 좋아해요.
**4** but, 그들은 문법을 배울 뿐만 아니라 글쓰기 실력도 향상시켜요.
**5** how, 첫 번째, 그들은 스마트폰을 켜고 끄는 법을 배워요.
**6** trains, 그는 그의 보조 사서들을 항상 교육해요.
**7** used, 사람들은 예전에 매표원에게 표를 샀어요.
**8** without, 제이크같은 사람들이 없다면 우리들의 우편물은 엉뚱한 주소로 배달될 거예요.
**9** from, 마이크, 미셸, 그리고 마크는 군인 집안 출신이에요.
**10** when, 사람들은 분쟁이 있을 때 그녀에게 가요.

**D** 알맞은 단어를 써서 문장을 완성해보세요.

**1** pride, 샘은 그녀의 동네를 더 안전한 곳으로 만든다는 데 큰 자부심을 가지고 있어요.
**2** puts, 그녀는 불을 끄고, 사람들을 찾아서 구조해요.
**3** stayed, 마일스는 밤을 새서 일했어요.
**4** same, 학생들은 언어와 문화를 동시에 배울 수 있어요.
**5** eager, 노인들은 그들의 손주들의 이메일에 답장하기 위해 이런 기술들을 배우고 싶어해요.
**6** for, 헨슨이 교육을 하지 않을 때 그는 새로운 트렌드를 찾아요.
**7** stops, 그는 노선의 역들에서 정차해요.
**8** in, 어떤 사람들은 (우편물을) 모아서 분류하는 것을 전문으로 해요.

# Vocabulary Review 2 (Unit 11-20)

**A** 일치하는 우리말 뜻을 찾아 쓰세요.

**1 f**-증거      **2 b**-부상을 입은    **3 a**-재난
**4 h**-토론하다   **5 j**-확대하다      **6 c**-사서
**7 d**-유지하다   **8 e**-서명         **9 g**-거주하다
**10 i**-항소하다

# Part III

# Infrastructure
## 사회 기반 시설

## 도시의 마천루

**Warm up**

- 여러분은 어떤 종류의 건물을 가장 좋아하나요?
- 건축가는 무슨 일을 하나요?
- 여러분의 동네에서 가장 좋아하는 건물은 무엇인가요?

**본문 해석**

테드는 건축가예요. 그는 그의 동네에 특별한 건물을 지었어요. 무엇이 그의 건물을 그렇게 특별하게 만드냐고요? 그것은 120층 고층 건물이고 동네의 랜드마크(주요 대형 건물)예요.

그 건물에는 많은 시설들이 있어요. 1층에서 6층까지의 공간은 동네에서 가장 큰 쇼핑센터를 포함하고 있어요. 7층과 8층에는 영화관과 쇼핑 아케이드가 있어요. 9층부터 30층까지는 사무실이고, 나머지 층은 주거시설이에요.

그 건물은 친환경적이라는 면에서 또한 특별해요. 그는 오래된 청바지와 신문으로 만들어진 친환경 단열재를 사용했어요. 그 건물은 또한 에너지 효율이 좋아요. 그는 건물 전체를 유리로 덮었어요. 그것은 태양열 전지판으로 작동해서 난방과 전기에 사용될 태양열을 흡수하죠. 사실상, 전기의 40%는 이 태양열 시스템에서 얻어요.

테드는 이 건물에 대해 무척 자랑스러워해요. 하지만 그는 더 지능적이고 맞춤형의 시스템을 원하죠. 그는 더 혁신하기 위해 일하고 있어요. 그는 그의 건축물에 더 많은 과학과 개성을 담기를 원해요.

## Practice

**A** 알맞은 단어의 뜻을 찾아보세요.

facility ⑥ 시설
solar ⑧ 태양열을 이용한
architect ⑤ 건축가
intelligent ① 지능형의
personalized ④ 개인 맞춤형의
residential ⑦ 주택지의
contain ⑩ 들어 있다
absorb ⑨ 흡수하다
innovative ③ 혁신적인
individuality ② 개성, 특성

**B** 문제를 읽고 알맞은 답을 찾아보세요.

**1** 테드의 직업은 무엇인가요? **c**
**2** 그의 건물이 아주 특별한 이유는 무엇인가요? **b**
**3** 건물에 대해 사실이 아닌 것은 무엇인가요? **a**
**4** 그 건물은 전기의 40%를 어떻게 얻나요? **b**

**C** 다음 이야기를 읽고 빈칸을 채워보세요.

| **Main Idea** | Skyscrapers of the city<br>도시의 마천루 |
|---|---|
| **Ted**<br>테드 | Ted is an **architect**. He built a special building in his town. It is a 120-story **skyscraper** and the landmark of the town.<br><br>테드는 건축가예요. 그는 그의 동네에 특별한 건물을 지었어요. 그것은 120층 고층건물이고 동네의 랜드마크(주요 대형 건물)예요. |
| **Feature 1**<br>특징 1 | The building has the largest shopping center in town, a cinema, an arcade, offices, and a **residential** area.<br><br>그 건물에는 동네에서 가장 큰 쇼핑센터, 영화관, 아케이드(상가), 사무실, 그리고 주거시설이 있어요. |
| **Feature 2**<br>특징 2 | The building is **eco-friendly** and energy **efficient**.<br><br>그 건물은 환경친화적이고 에너지 효율이 좋아요. |

## 도로의 종류

**Warm up**

- 여러분 동네에는 어떤 종류의 도로가 있나요?
- 얼마나 자주 동네를 걸어서 돌아다니나요?
- 도착지에 어떻게 가야 할지 모를 때 여러분은 무엇을 하나요?

**본문 해석**

알렉스는 그의 새 직장 때문에 도시로 막 이사 왔어요. 그는 도시에는 세 개의 다른 유형의 도로가 있다는 것을 몰랐어요. 그는 몇 달 동안 걸어서 출퇴근한 후에, 마침내 그것들을 배웠어요.

모든 도로는 기본적으로 두 개의 점을 연결한다는 점에서 같아요. 하지만 블리버드(boulevard), 애비뉴(avenue), 그리고 스트리트(street)에는 작은 차이점이 있어요.

블리버드는 넓은 도시 도로예요. 블리버드는 양쪽에 나무들이 있고, 중앙에는 중앙 분리대가 있어요. 그것은 보통 한 도시와 다른 도시를 연결하며, 래인(lane) 같은 많은 더 작은 도로로 이어져요. 애비뉴는 양쪽에 건물들이 있는 직선 도로예요. 애비뉴는 보통 시내나 도시의 북쪽에서 남쪽으로 뻗어 있어요. 애비뉴는

## Practice

Ⓐ 알맞은 단어의 뜻을 찾아보세요.

lane ⑨ (좁은) 길
connect ① 연결하다
Boulevard ⑥ 대로
avenue ⑦ 거리
median ⑧ 중앙분리대
eventually ② 결국
narrow ⑩ 좁은
grid ④ 격자판
walkable ③ 걸어서 갈 수 있는
navigate ⑤ 길을 찾다

Ⓑ 문제를 읽고 알맞은 답을 찾아보세요.

1 알렉스는 도시로 왜 이사 오게 되었나요? **a**
2 한 도시와 다른 도시를 연결하는 도로로 무엇인가요? **a**
3 동쪽에서 서쪽으로 뻗어 있는 것은 무엇인가요? **b**
4 알렉스가 도시의 도로 시스템에 대해 알게 된 것이 아닌 것은 무엇인가요? **c**

Ⓒ 다음 이야기를 읽고 도로를 비교하는 내용에 빈칸을 채워보세요.

| Boulevard 블리버드 | It is a wide city road. It has trees on both sides and a **median** in the middle. It usually **connects** a city to another city. 블리버드는 넓은 도시 도로예요. 그것은 양쪽에 나무들이 있고, 중앙에 중앙 분리대가 있어요. 그것은 보통 한 도시와 다른 도시를 연결해요. |
|---|---|
| Avenue 애비뉴 | It is a **straight** road that has buildings on both sides. It usually runs from **north** to south. 그것은 양쪽에 건물들이 있는 직선 도로예요. 애비뉴는 보통 북쪽에서 남쪽으로 뻗어 있어요 |
| Street 스트리트 | It is usually **narrower** than an avenue. It runs from east to **west**. 그것은 대개 애비뉴보다 더 좁아요. 그것은 동쪽에서 서쪽으로 뻗어 있어요. |

# Unit 23 현수교

## Warm up

- 여러분은 얼마나 자주 다리를 이용하나요?
- 다리는 무엇으로 만들어지나요?
- 여러분의 나라에서 가장 긴 다리는 무엇인가요?

**본문 해석**

톰은 건설회사에서 일해요. 그의 회사는 도시에 많은 다리를 지어왔어요. 수백만의 자동차와 사람들이 매일 그것들을 건너요.

다리는 흔히 어느 한 곳에서 다른 곳으로 이동할 때 더 빠르고 더 쉬운 길을 제공해요. 사람들은 돌아서 가는 대신에 그냥 다리를 건널 수 있어요. 어떤 다리들은 짧을 수도 있고, 어떤 다리들은 아주 길 수도 있어요. 사실, 톰의 회사는 나라에서 가장 긴 다리를 지었어요. 그것은 도시와 공항을 이어줘요. 그것이 무슨 종류의 다리인지 아나요?

그것은 현수교예요. 현수교는 먼 거리를 가로지를 수 있어요. 기본적으로 그것들은 두 개의 높은 타워에 사이에 도로를 매달기 위해 케이블을 사용합니다. 중심 케이블들을 타워 사이에 매달고 더 작은 케이블들은 중심 케이블들에 매달아요. 더 작은 케이블들은 도로를 추켜들고 있어요. 현수교는 튼튼해서 많은 사람들, 자동차들, 기차들을 지탱할 수 있어요. 그것들은 사람들과 자동차들, 기차들이 강과 도로를 안전하게 건널 수 있게 해줘요.

## Practice

Ⓐ 알맞은 단어의 뜻을 찾아보세요.

construction ④ 건설
distance ⑤ 거리
cross ⑨ 건너다
suspension bridge ⑩ 현수교
span ⑥ 걸치다
suspend ② 매달다
roadway ③ 도로
go around ① 돌아가다
instead of ⑧ ~ 대신에
hold up ⑦ 추켜들다

Ⓑ 문제를 읽고 알맞은 답을 찾아보세요.

1 톰은 어디에서 일하나요? **b**
2 한 곳에서 다른 곳으로 이동할 때 다리는 무엇을 제공하나요? **b**
3 이야기에서 도시와 공항을 연결하는 것은 무엇인가요? **a**
4 현수교에 대해 사실이 아닌 것은 무엇인가요? **c**

Ⓒ 다음 이야기를 읽고 빈칸을 채워보세요.

| Main Idea | Suspension bridges 현수교 |
|---|---|

| | |
|---|---|
| **Tom**<br>톰 | He works at a <u>construction</u> company. His company has built many <u>bridges</u> in the city.<br>그는 건설회사에서 일해요. 그의 회사는 도시에 많은 다리를 지어왔어요. |
| **Bridge**<br>다리 | A bridge often <u>provides</u> a quicker and easier way. In fact, Tom's company built the <u>longest</u> bridge in the country.<br>다리는 흔히 더 빠르고 더 쉬운 길을 제공해요. 사실, 톰의 회사는 나라에서 가장 긴 다리를 지었어요. |
| **Suspension bridge**<br>현수교 | It can <u>span</u> a long distance. The suspension bridges use cables to <u>suspend</u> the roadway between two tall towers.<br>현수교는 길게 거리를 확장시킬 수 있어요. 그것들은 케이블을 이용해 두 개의 높은 타워 사이에 도로를 매다는 방식이에요. |

## Unit 24 고속도로의 기능

### Warm up

- 마지막으로 고속도로를 탄 게 언제인가요?
- 고속도로와 도로의 차이점은 무엇인가요?
- 고속도로를 이용하는 것의 장점은 무엇인가요?

**본문 해석**

알렌은 트럭 운전사예요. 그는 자주 고속도로를 이용해요. 고속도로는 보통 도시와 도시 사이를 운전할 때 가장 빠른 길이에요. 그것들은 넓고 제한 속도도 높아서 그의 이동 시간을 줄여줘요.

버스 운전사들과는 달리, 알렌은 때때로 교통 체증에 걸릴 때가 있어요. 너무 많은 자동차들이 고속도로에서 이동할 때 운행 속도가 느려져요. 버스들은 승객수가 일정 수가 되면 전용차선을 이용해서 계속 고속으로 운전할 수 있어요. 그와 같은 트럭 운전사들은 도로에 길게 늘어선 차량 행렬 속에서 기다려야만 해요.

하지만 알렌은 여전히 고속도로를 이용하는 것을 좋아해요. 도로는 쉽게 구분할 수 있도록 번호가 매겨져 있어요. 그가 표지판만 올바르게 따라간다면, 그는 길을 잃을 가능성이 적게 목적지에 도착할 수 있어요. 이것은 또한 연료를 아끼는 데도 도움이 돼요. 도시간 거리가 줄어들기 때문에 연료비를 줄일 수 있어요. 이것은 차량 운행비를 줄이는 데 도움이 돼요.

### Practice

**(A)** 알맞은 단어의 뜻을 찾아보세요.

expressway ⑤ 고속도로
decrease ⑥ 줄다
unlike ⑦ ~와 다른
face ⑧ 직면하다
traffic jam ⑨ 교통 체증
slow down ⑩ 감속하다
destination ② 목적지
frequently ③ 자주
fuel cost ④ 연료비
petrol ① 휘발유

**(B)** 문제를 읽고 알맞은 답을 찾아보세요.

**1** 알렌이 자주 이용하는 것은 무엇인가요? **a**
**2** 너무 많은 자동차가 고속도로를 이동할 때 어떤 일이 생기나요? **b**
**3** 교통체증이 생길 때 전용차선을 사용할 수 있는 것은 무엇인가요? **c**
**4** 왜 알렌은 고속도로를 이용하는 것을 좋아하나요? **c**

**(C)** 다음 이야기를 읽고 빈칸을 채워보세요.

| | |
|---|---|
| **Main Idea** | Functions of expressways<br>고속도로의 기능 |
| **Allen**<br>알렌 | Allen frequently uses <u>expressways</u>. Expressways are usually the <u>quickest</u> route for driving between cities.<br>알렌은 자주 고속도로를 이용해요. 고속도로는 보통 도시와 도시 사이를 운전할 때 가장 빠른 길이에요. |
| **Expressways 1**<br>고속도로 1 | Unlike bus drivers, Allen sometimes faces <u>traffic</u> jams. Buses can use special <u>lanes</u> and keep driving at high speeds.<br>버스 운전사들과는 달리, 알렌은 때때로 교통 체증에 걸릴 때가 있어요. 버스들은 전용차선을 이용해 계속 고속으로 운전할 수 있어요. |
| **Expressways 2**<br>고속도로 2 | The roads are numbered to make it easy to <u>tell</u> them apart. He can reach his <u>destination</u> with less chance of getting lost and <u>lower</u> the vehicle operation costs.<br>도로는 쉽게 구분할 수 있도록 번호가 매겨져 있어요. 그는 길을 잃을 가능성이 적게 목적지에 도착할 수 있어 차량 운행비를 줄일 수 있어요. |

## Unit 25 도시의 공원

### Warm up

- 여러분의 동네에는 얼마나 많은 공원이 있나요?
- 얼마나 자주 공원에 가나요?
- 공원이 사람들에게 무엇을 제공하나요?

**본문 해석**

엠마는 40대의 기혼 여성이에요. 그녀의 가족은 최근에 새로운 도시로 이사했어요. 엠마는 근처에 공원이 많기 때문에 새로운 도시에 사는 게 마음에 들어요. 그녀는 탁 트인 공간이 그녀의 삶의 질에 있어 중요하다고 믿고 있어요.

엠마가 가장 좋아하는 공원은 세인트 존스 공원이에요. 그 공원은 그녀의 집에서 아주 가까워요. 그곳에는 포장도로, 벤치들, 그리고 운동 기구가 있어요. 그것은 그녀 가족의 건강에 큰 도움을 줘요. 중앙에는 작은 호수도 있어요. 가끔 엠마와 그녀의 가족은 그 주위에서 자전거를 타거나 조깅을 해요.

엠마는 특히 공원의 작은 언덕에 있는 카페를 좋아해요. 그녀는 주말에 그녀의 남편과 함께 카페에 가요. 그녀는 5살짜리 남자아이의 엄마이자 두 마리의 나이든 개들이 있어요. 그녀는 아들이 다른 아이들과 노는 동안에 그녀의 이웃들과 사귀어요. 그녀는 그녀의 남편이 야외 요가 수업을 들을 때 두 마리의 늙은 개들을 산책시켜요.

엠마 가족의 삶의 질은 새로운 도시에 이사 온 후에 매우 향상되었어요. 근처에 공원이 있는 것이 모두를 아주 행복하게 했어요.

### Practice

**A** 알맞은 단어의 뜻을 찾아보세요.

married ⑥ 기혼의
nearby ⑦ 인근에
quality ⑩ 질
path ④ 길
equipment ② 장비
pave ① (길을) 포장하다
ride ③ 타다
socialize ⑨ 어울리다
improve ⑧ 개선되다
take a class ⑤ 수강하다

**B** 문제를 읽고 알맞은 답을 찾아보세요.
1 엠마는 최근에 어디로 이사를 했나요? **b**
2 엠마는 왜 새로운 곳에서 사는 것이 마음에 드나요? **a**
3 공원에 중앙에는 무엇이 있나요? **b**
4 엠마가 공원에 갈 때 하지 않는 것은 무엇인가요? **c**

**C** 다음 이야기를 읽고 빈칸을 채워보세요.

| Main Idea | Parks in the city<br>도시의 공원 |
|---|---|
| Emma<br>엠마 | Emma is a **married** woman in her 40's. Her family recently moved to a new city, and she loves **living** in the new city.<br>엠마는 40대의 기혼 여성이에요. 그녀의 가족은 최근에 새로운 도시로 이사했고, 그녀는 새로운 도시에 사는 게 마음에 들어요. |
| Park<br>공원 | Saint John's Park has **paved** paths, benches, and exercise equipment. There is also a small **lake** in the center.<br>세인트 존스 공원에는 포장도로, 벤치들, 그리고 운동 기구가 있어요. 중앙에는 작은 호수도 있어요. |
| Doing<br>하는 일 | Emma goes to the café with her husband on the weekend. She **socializes** with her neighbors and **walks** her two old dogs.<br>그녀는 주말에 그녀의 남편과 함께 카페에 가요. 그녀는 그녀의 이웃들과 사귀고 두 마리의 늙은 개를 산책시켜요. |

## Unit 26 공항에서 길 찾기

### Warm up

- 마지막으로 공항에 간 게 언제인가요?
- 비행기에 타기 전에 무엇을 해야 하나요?
- 비행기를 타는 것의 장점은 무엇인가요?

**본문 해석**

팀은 공항에 막 도착했어요. 여러분이 예상할 수 있다시피 그는 앞으로 몇 시간은 바쁠 거예요.

우선 그는 그의 탑승권을 받고 짐을 부치기 위해 터미널로 갈 거예요. 그 다음에 그는 보안 검색대를 통과할 거예요. 그들은 그의 몸뿐만 아니라 그의 모든 소지품들도 검사할 거예요. 그러고 나서 그는 출국 심사대를 통과할 거예요. 사무원이 그가 탑승 게이트에 가기 전에 그의 여권을 검사할 거예요. 탑승 게이트 쪽에서 그는 많은 면세점을 지나면서 그의 가족들을 위해 선물을 살 거예요.

쇼핑을 한 후에, 팀은 마침내 탑승 게이트에 도착할 건데요, 그는 콘센트를 찾을 거예요. 그는 노트북을 콘센트에 꽂고 숙제를 할 거예요. 그 다음에 그는 탑승하기 위해 탑승교(jet bridge)에 가기 위해 줄을 설 거예요. 그는 비행기에 탑승한 후에 객실에서 자리를 찾을 거예요. 그는 비행 일정에 대한 정보에 귀를 기울이며 자기 자리에 앉을 거예요. 팀이 혼자 공항에 온 건 이번이 처음이에요. 항상 쉽지만은 않겠지만, 그는 혼자서 공항에서 길을 찾을 준비가 되어 있어요.

## Practice

Ⓐ 알맞은 단어의 뜻을 찾아보세요.
arrive at ⑩ ~에 도착하다
expect ① 예상하다
line up ⑤ 줄을 서다
check in ⑥ 탑승수속을 하다
security ⑦ 보안
belongings ⑧ 소지품
immigration ⑨ 출입국 관리소
go past ③ 지나가다
duty-free ② 면세의
luggage ④ 수하물

Ⓑ 문제를 읽고 알맞은 답을 찾아보세요.
**1** 팀은 공항에 도착하면 가장 먼저 어디로 갈까요? **b**
**2** 보안 검색대에서 검사하지 않는 것은 무엇인가요? **a**
**3** 팀에 대해서 사실이 아닌 것은 무엇인가요? **c**
**4** 출국 심사대에서 사무원이 무엇을 검사하나요? **c**

Ⓒ 다음 문장을 읽고 Tim의 탑승 수속 방법을 순서대로 번호를 쓰세요.

③ He will go to immigration. An officer will check his passport.
그는 출국 심사대에 갈 거예요. 사무원이 그의 여권을 검사할 거예요.

② He will go through the security check. They will check all his belongings.
그는 보안 검색대를 통과할 거예요. 그들은 그의 모든 소지품들을 검사할 거예요.

① He will go to the terminal to get his boarding pass and check in his luggage.
그는 탑승권을 받고 짐을 부치기 위해 터미널로 갈 거예요.

Unit 27 경기장의 시설들

## Warm up

- 여러분은 마지막으로 경기장에 간 게 언제인가요?
- 왜 그 경기장에 갔었나요?
- 경기장에서는 어떤 시설들을 볼 수 있나요?

본문 해석

존은 축구 경기장에서 일해요. 그곳은 원래 종합 운동장이었어요. 사람들은 거기에서 다양한 운동 경기를 볼 수 있었어요. 지금은 사람들이 그곳을 주로 축구 경기를 위해 사용해요.

경기장은 크기가 엄청 크고, 둥근 모양(원형)이에요. 만 석 이상의 좌석이 있어요. 동쪽, 서쪽, 남쪽, 북쪽 이렇게 네 군데 입구가 있어서 많은 사람들이 동시에 들어갈 수 있어요. 사람들의 편의를 위해 다양한 시설들이 각 입구에 있어요. 그 시설들은 화장실, 휠체어 사용자들을 위한 경사로, 그리고 앞이 보이지 않는 사람들을 위한 점자 보도 블록 등이에요.

존은 경기장의 총괄 관리자예요. 그는 전체적인 서비스에 대한 책임을 지고 관람객 안전을 확보해야 해요. 그는 직원들을 관리하고 그들의 일을 검사해요. 그는 모든 전광판과 조명을 관리해요. 그는 경기장의 질을 유지하고 그것은 매우 중요해요. 최적의 상태로 잔디의 질을 유지하기 위해 그는 주기적으로 잔디를 깎아요. 그는 경기장 주변의 담장의 안전도 점검합니다. 존 덕분에 동네 사람들은 경기장을 안전하게 이용할 수 있어요.

## Practice

Ⓐ 알맞은 단어의 뜻을 찾아보세요.
various ⑥ 다양한
massive ③ 거대한
circular ⑤ 원형의
entrance ⑦ 입구
convenience ⑩ 편의
include ② 포함하다
mow ④ 깎다
ensure ① 보장하다
supervise ⑧ 감독하다
inspect ⑨ 점검하다

Ⓑ 문제를 읽고 알맞은 답을 찾아보세요.
**1** 존은 어디에서 일하나요? **c**
**2** 경기장에는 몇 개의 좌석이 있나요? **b**
**3** 경기장의 시설이 아닌 것은 무엇인가요? **b**
**4** 총괄 관리자로서 존의 역할에 대해 사실이 아닌 것은? **c**

Ⓒ 다음 이야기를 읽고 빈칸을 채워보세요.

| Main Idea | Stadium facilities<br>경기장의 시설들 |
| --- | --- |
| John<br>존 | John works at the soccer **stadium**. It was a sports **complex** but now people use it mainly for soccer games.<br>존은 축구 경기장에서 일해요. 그곳은 종합 운동장이었는데, 지금은 사람들이 그곳을 주로 축구 경기를 위해 사용해요. |

| Stadium<br>경기장 | The stadium is <u>massive</u> and has a circular shape. There are more than 10,000 <u>seats</u>.<br>경기장은 크기가 엄청 크고, 둥근 모양(원형)이에요. 만 석 이상의 좌석이 있어요. |
| --- | --- |
| John's role<br>존의 역할 | John is a general <u>manager</u>. He is responsible for overall service and <u>ensures</u> the safety of the guests.<br>존은 총괄 관리자예요. 그는 모든 서비스에 대한 책임을 지고 관람객 안전을 확보해야 해요. |

organ ⑨ 장기
diagnosis ④ 진단
transfer ③ 옮기다
transplant ⑤ 이식하다

**B** 문제를 읽고 알맞은 답을 찾아보세요.

**1** 사람들은 가벼운 질병일 때 어디에 가야 하나요? **b**
**2** 샐리는 병원의 어디에서 일하나요? **b**
**3** 누가 샐리에게 진료를 받으러 가나요? **c**
**4** 샐리의 병원에 대해 사실이 아닌 것은 무엇인가요? **a**

**C** 다음 이야기를 읽고 빈칸을 채워보세요.

| General hospital<br>종합병원 | People with acute illnesses go to <u>general</u> hospitals. They are different from <u>clinics</u> in size and function.<br>급성 질환이 있는 사람은 종합병원에 가요. 종합병원은 크기와 기능면에서 동네 병원과는 달라요. |
| --- | --- |
| Sally<br>샐리 | Sally works in <u>pediatrics</u> at the general hospital. If a child has a <u>serious</u> illness, then they need to go there.<br>샐리는 종합병원의 소아과에서 일하고 있어요. 만일 아이가 심각한 병이라면 그때 그들은 거기에 가야 해요. |
| Sally's hospital<br>샐리의 병원 | It is well <u>equipped</u> for diagnosis and treatment of <u>disease</u>. There is a nursery for premature infants as well.<br>그곳은 병을 진단하고 치료하는 시설이 잘 갖춰져 있어요. 미숙아들을 위한 신생아실도 있어요. |

# Unit 28 종합병원 vs 동네 병원

## Warm up

- 여러분이 가벼운 질병이 있는 경우 어디에 가나요?
- 종합병원에 간 적이 있나요?
- 병원에서 어떤 종류의 시설들을 볼 수 있나요?

### 본문 해석

사람들은 감기나 복통 같은 가벼운 질병이 있을 경우 동네 병원에 가요. 하지만 급성 질환이 있는 사람은 종합병원에 가요. 종합병원은 크기와 기능면에서 동네 병원과는 달라요. 종합병원에는 그 안에 많은 부서가 있고, 위중한 질병들에 대해 전문적인 치료를 제공해요.

샐리는 종합병원의 소아과에서 일하고 있어요. 만일 아이가 심각한 병이라면 그럼 그들은 거기에 가야 해요. 그녀의 소아과에는 위중한 환자들이 많아요. 하지만 그녀의 병원은 병을 진단하고 치료하는 시설이 잘 갖춰져 있어요. 간혹 산모들은 조산을 할 수도 있어요. 그녀의 병원에는 미숙아들을 위한 신생아실도 있어요. 그곳의 의사들은 고난도 수술을 할 수 있어요. 가끔씩 헬리콥터가 이식 수술을 위한 장기를 전달하러 샐리의 병원에 와요. 그 일이 발생하면 모두들 비상 태세로 있어요.

샐리 자신이 그 병원의 한 구성원이라는 사실이 자랑스러워요. 모든 부서의 사람들이 매일 생사가 달린 문제들을 다뤄요. 그들은 항상 생명을 구하기 위해 팀으로 열심히 일해요.

## Practice

**A** 알맞은 단어의 뜻을 찾아보세요.

general hospital ⑩ 종합병원
function ⑥ 기능
serious ⑧ 심각한
acute ① 급성의
critical ⑧ 심각한
give birth ⑦ 출산하다

# Unit 29 놀라운 터널들

## Warm up

- 터널을 통과해 본 적 있나요?
- 터널은 어떤 모양인가요?
- 터널은 어디를 통과하나요?

### 본문 해석

터널은 기본적으로 땅, 돌, 혹은 물을 지나가는 관이에요. 많은 종류의 터널이 있어요. 채굴용 터널, 상하수나 가스관 같은 공공 사업 터널이 있어요. 그리고 운하나 지하철 터널 같이 교통용 터널도 있어요.

토마스는 토목 기사예요. 그는 터널 건설 일을 해요. 그는 터널을 건설하는 것은 놀라울 정도로 복잡하다고 말해요. 그는 터널을 건설하기 위해서는 먼저 암석과 토양을 분석해야 한다고 설명해요. 그들은 또한 위치도 선정해야 해요. 그 다음에 그들은 터널을 파기 위해 여러 가지 방법을 사용할 수 있어요. 수작업, 폭발물 그리고 터널을 파기 위한 기계 등이 사용돼요. 그들은 이상적인 모양을 만들기 위해 노력하는데, 그것은 연속 아치형이에요. 토목 기사들은 사방으로부터 생기는 엄청난 압력을 견딜 수 있기 때문에 이 모양을 사용해요.

토마스는 사람들이 새로운 기술과 도구를 계속 개발하고 있다고 덧붙여요. 그것들이 있다면 그들은 더 길고 더 큰 터널을 지을 수 있을 거예요.

## Practice

Ⓐ 알맞은 단어의 뜻을 찾아보세요.

soil ⑤ 흙
civil engineer ④ 토목 기사
mine ⑥ 채굴하다
analyze ⑦ 분석하다
select ⑧ 선택하다
sewage ⑨ 하수구
explosive ② 폭발물
excavate ③ (구멍 등을) 파다
pressure ⑩ 압력
invent ① 발명하다

Ⓑ 문제를 읽고 알맞은 답을 찾아보세요.

**1** 터널이 통과하지 않는 것은 무엇인가요? **b**
**2** 토마스는 직업이 무엇인가요? **c**
**3** 터널에 대해 진실이 아닌 것은 무엇인가요? **a**
**4** 터널을 위한 이상적인 모양은 무엇인가요? **a**

Ⓒ 다음 문장을 읽고 터널 건설과 관련하여 사실인 것은 T, 거짓인 것은 F를 쓰세요.

**T** They should analyze the rock and soil first.
그들은 먼저 암석과 토양을 분석해야 해요.
**T** They try to make the ideal shape, which is a continuous arch.
그들은 이상적인 모양을 만들기 위해 노력하는데, 그것은 연속 아치형이에요.
**F** They use economic methods to excavate the tunnel.
그들은 터널을 파기 위해 경제적인 방법을 사용해요.

# Unit 30 댐의 역할

## Warm up

- 댐을 어디에서 볼 수 있나요?
- 댐을 짓는 목적은 무엇인가요?
- 왜 댐은 우리에게 중요한가요?

**본문 해석**

여러분은 여러분 나라에서 댐을 본 적이 있나요? 댐은 물을 막기 위해 시내나 강을 가로질러 건설된 구조물입니다.

헨리는 나라에서 가장 큰 댐에서 근무하는데 다양한 업무를 해요. 그 중 한 가지는 홍수 통제예요. 헨리는 그는 홍수를 통제하기 위해서 댐을 조절해요. 비가 심하게 내릴 때 강의 수위가 올라가요. 그러면 그는 댐을 닫아서 초과되는 물을 저장해요. 이렇게 하면 그는 홍수를 막을 수 있어요.

두 번째는 전력 생산이에요. 그는 물에서 전기를 얻기 위해서 댐을 조절해요. 그는 댐의 문을 열어서 물을 방류해요. 그러면 물은 원동기(터빈) 날개를 거치며 흘러 원동기를 돌려요. 그것은 전기를 생산하는 발전기를 작동시켜요.

세 번 째는 상수도예요. 그는 다양한 용도를 위해 충분한 물을 저장하기 위해 댐을 조절해요. 물은 농업용, 산업용, 그리고 가정용으로 사용될 수 있어요. 그것은 또한 낚시, 보트 타기, 그리고 다른 여가 활동에도 사용될 수 있어요.

## Practice

Ⓐ 알맞은 단어의 뜻을 찾아보세요.

excess ③ 초과한
regulate ⑥ 조절하다
heavily ⑨ 심하게
rise ⑦ 오르다
prevent ⑩ 막다
release ⑤ 방류하다
spin ② 돌다
activate ⑧ 작동시키다
supply ④ 공급하다
household ① 가정용의

Ⓑ 문제를 읽고 알맞은 답을 찾아보세요.

**1** 헨리는 어디에서 일하나요? **b**
**2** 비가 심하게 내릴 때 헨리는 어떻게 홍수를 막나요? **c**
**3** 물에서 전기를 얻는 방법에 관해 사실이 아닌 것은 무엇인가요? **b**
**4** 상수도의 용도가 아닌 것은 무엇인가요? **b**

**C** 다음 이야기를 읽고 빈칸을 채워보세요.

| Main Idea | Roles of dams<br>댐의 역할 |
|---|---|
| **Flood control**<br>홍수 조절 | Henry **regulates** the dam to control floods. He closes the dam so he can **prevent** the floods.<br>헨리는 댐을 조절해서 홍수를 통제해요. 그는 댐을 닫아서 홍수를 막을 수 있어요. |
| **Energy generation**<br>에너지 생성 | The water **flows** through a turbine propeller and spins it. It **activates** a generator to produce electricity.<br>물은 원동기 날개를 거치며 흘러 원동기를 돌려요. 그것은 전기를 생산하는 발전기를 작동시켜요. |
| **Water supply**<br>상수도 | The water can be used for **farming**, industry, and **household** use.<br>물은 농업용, 산업용, 그리고 가정용으로 사용될 수 있어요. |

**7** are, 동쪽, 서쪽, 남쪽, 북쪽 이렇게 네 군데 입구가 있어요.

**8** If, 만일 아이가 심각한 병이라면 그때 그들은 거기에 가야 해요.

**9** used, 수작업, 폭발물 그리고 터널을 파기 위한 기계 등이 사용돼요.

**10** so, 그는 댐을 닫아서 초과되는 물을 저장해요.

**D** 알맞은 단어를 써서 문장을 완성해보세요.

**1** through, 그는 출국 심사대를 통과할 거예요.

**2** allow, 자동차들이 강과 도로를 안전하게 건널 수 있게 해 줘요.

**3** comes, 전기의 40%는 이 태양열 시스템에서 얻어요.

**4** for, 그는 관람객의 안전 전반을 책임집니다.

**5** tell, 도로는 쉽게 구분할 수 있도록 번호가 매겨져 있어요.

**6** to, 그것은 보통은 북쪽에서 남쪽으로 뻗어 있어요.

**7** ride, 가끔 엠마와 그녀의 가족은 그 주위에서 자전거를 타거나 조깅을 해요.

**8** birth, 간혹 산모들은 조산을 할 수도 있어요.

## Vocabulary Review 3  (Unit 21-30)

**A** 일치하는 우리말 뜻을 찾아 쓰세요.

**1 d**-건축가  **2 a**-연결하다  **3 g**-건너다
**4 c**-종합병원  **5 i**-분석하다  **6 j**-출입국 관리소
**7 h**-어울리다  **8 f**-조절하다  **9 h**-감속하다
**10 e**-점검하다

**B** 반의어를 찾아 연결하세요.

**1** activate 활성화하다 - inactivate 비활성화하다
**2** massive 규모가 큰 - tiny 작은
**3** decrease 줄이다 - increase 늘리다
**4** arrive 도착하다. - leave 떠나다
**5** complex 복잡한 - simple 간단한
**6** connect 연결하다 - disconnect 연결을 끊다

**C** 단어를 골라 문장을 완성해보세요.

**1** on, 7층과 8층에는 영화관과 아케이드(상가)가 있어요.
**2** among, 블리버드, 애비뉴, 그리고 스트리트에는 작은 차이점이 있어요.
**3** cars, 수백만의 자동차와 사람들이 매일 그것들을 건너요.
**4** have, 트럭 운전사들은 도로에 길게 늘어선 차량 행렬 속에서 기다려야만 해요.
**5** while, 그녀는 아들이 다른 애들과 노는 동안 사람들과 어울렸어요.
**6** as well as, 그들은 그의 몸뿐만 아니라 그의 모든 소지품들도 검사할 거예요.

# Part IV

# Things used in the infrastructure
## 공공 시설물

## 보안 카메라

### Warm up
- 보안 카메라를 어디에서 발견할 수 있나요?
- 보안 카메라의 장점은 무엇인가요?
- 보안 카메라의 단점은 무엇인가요?

**본문 해석**

많은 장소에 보안 카메라가 있어요. 그것들은 가게, 사무실, 그리고 심지어 가정에서도 많은 중요한 역할들을 해요.

메리는 동네에서 자신의 편의점을 운영하고 있어요. 그녀는 최근에 절도와 강도에 대해 걱정하기 시작했어요. 그녀는 보안 회사에서 일하는 그녀의 오빠에게 자신의 근심을 말했어요. 그는 보안 카메라 몇 가지를 추천해주고, 가게에 그것들을 설치해줬어요. 그녀는 이것이 물건을 훔치려는 사람들의 의지를 꺾을 것이라고 기대해요.

패트리샤는 고양이를 기르며 혼자 살고 있어요. 그녀는 자신이 회사에 있을 때 고양이의 안전을 걱정했어요. 그녀는 자신의 동료들에게 말을 했고, 그들은 보안 카메라를 권해줬어요. 그녀는 검색을 해서 스피커와 마이크가 달린 세 대의 카메라를 골랐어요. 이제 그녀는 일할 때 그녀의 휴대폰 앱을 통해 그녀의 고양이를 볼 수 있어요. 그녀는 간혹 그녀의 고양이가 안전하게 있도록 카메라를 통해 고양이에게 말을 해요. 그녀의 동료들도 가끔씩 그녀의 고양이에게 얘기를 해요.

### Practice

Ⓐ 알맞은 단어의 뜻을 찾아보세요.

convenience store ② 편의점
burglary ⑤ 절도
recommend ⑥ 추천하다
install ① 설치하다
steal ③ 훔치다
discourage ⑨ 막다
concern ⑩ 걱정
accident ④ 사고
occur ⑧ 일어나다
suggest ⑦ 제안하다

Ⓑ 문제를 읽고 알맞은 답을 찾아보세요.

**1** 메리는 최근에 무엇에 대해 걱정하기 시작했나요? **a**
**2** 메리는 그녀의 근심을 누구에게 말했나요? **b**
**3** 패트리샤는 언제 그녀의 고양이의 안전이 걱정스러웠나요? **c**
**4** 패트리샤에 대한 내용으로 사실이 아닌 것은 무엇인가요? **c**

Ⓒ 다음 이야기를 읽고 빈칸을 채워보세요.

| Main Idea | Security cameras<br>보안 카메라 |
|---|---|
| **Security camera**<br>보안 카메라 | There are security cameras in many places. They play many important roles in shops, offices, and even homes.<br>많은 장소에 보안 카메라가 있어요. 그것들은 가게, 사무실, 그리고 심지어 가정에서도 많은 중요한 역할들을 해요. |
| **Mary**<br>메리 | Mary runs her own convenience store. She talked about her concerns and her brother installed security cameras in the store.<br>메리는 동네에서 자신의 편의점을 운영하고 있어요. 그녀는 근심을 털어놓았고 그녀의 오빠는 가게에 보안 카메라를 설치해줬어요. |
| **Patricia**<br>패트리샤 | Patricia lives alone with a cat. She can watch her cat on her phone app at work. She talks to her cat through the cameras.<br>패트리샤는 고양이를 기르며 혼자 살고 있어요. 그녀는 일할 때 그녀의 휴대폰 앱을 통해 그녀의 고양이를 볼 수 있어요. 그녀는 그녀의 고양이에게 카메라를 통해 말해요. |

## 공공 자전거

### Warm up
- 마지막으로 자전거를 탄 게 언제인가요?
- 공공 자전거를 사용해 본 적이 있나요?
- 공공 자전거의 장점은 무엇인가요?

**본문 해석**

많은 도시들에 단거리 이동용으로 대여해주는 자전거 공유 프로그램이 있어요. 이용자들은 자전거를 대여해서, 사용하고, 그런 다음 반납할 수 있어요. 자전거를 쉽게 반납할 수 있기 때문에 이 프로그램은 인기가 있어요. 이용자들은 그들의 목적지까지 타고 가서, 가까운 반납처 어느 곳이든 자전거를 주차하면 됩니다. 지불 방법도 이용자에게 편리하게 되어 있어요. 사람들은 신용카드를 사용해 직접 지불할 수 있어요.

스캇은 공유 자전거를 타고 통근해요. 그는 도시까지 자신의 자전거를 가져오지 않아요. 그는 지하철을 타고 회사에서 가장 가까운 지하철역까지 가요. 그는 휴대폰 앱으로 근처에 있는 자전거 위치를 확인해요. 그 다음에 회사까지 공유 자전거를 타고 가요.

스캇이 공유 자전거를 좋아하는 것은 가용성 때문만은 아니에요. 그것은 많은 혜택을 그에게 제공해요. 그는 일하는 동안에 자전거 주차 공간에 대해 걱정할 필요가 없어요. 그는 주유를 하는 데 돈을 쓸 필요가 없기 때문에 돈을 절약할 수 있어요. 그것은 운동을 하는 아주 좋은 방법이기 때문에 건강에 많은 이득을 제공해요. 그것은 그의 도시에도 큰 혜택을 제공합니다. 그것은 교통 체증뿐만 아니라 대기 오염도 줄여줍니다.

| Scott 스캇 | Scott <u>commutes</u> by Public Bicycle Sharing(PBS). He checks on his phone app to <u>locate</u> a bike and rides it to work. 스캇은 공공 자전거 대여로 통근해요. 그는 휴대폰 앱으로 자전거 위치를 찾아 그걸 타고 회사에 가요. |
|---|---|
| Benefits 장점 | It <u>provides</u> a range of benefits to him. He can save money and gain great health benefits. It <u>reduces</u> air pollution. 그것은 많은 혜택을 그에게 제공해요. 그는 돈을 절약할 수 있고 건강에 많은 도움을 얻어요. 그것은 대기 오염을 줄여요. |

## Practice

**Ⓐ** 알맞은 단어의 뜻을 찾아보세요.

bike-share ⑩ 자전거 공유
air pollution ③ 대기 오염
rental ② 대여
return ① 반납하다
payment ④ 지불
locate ⑤ ~의 정확한 위치를 찾아내다
availability ⑧ 이용성
a range of ⑨ 다양한
reduce ⑦ 줄이다
traffic congestion ⑥ 교통 체증

**Ⓑ** 문제를 읽고 알맞은 답을 찾아보세요.

**1** 공유 자전거 프로그램의 목적은 무엇인가요? **a**

**2** 스캇은 근처에 있는 자전거의 위치를 찾을 때 무엇을 확인하나요? **c**

**3** 스캇은 어떻게 통근하나요? **c**

**4** 스캇의 공유 자전거에 대해 사실이 아닌 것은 무엇인가요? **b**

**Ⓒ** 다음 이야기를 읽고 빈칸을 채워보세요.

| Main Idea | Public bikes 공공 자전거 |
|---|---|
| **Bike-share programs** 공유 자전거 프로그램 | Many cities have bike-<u>share</u> programs that offer rentals for short trips. Users can check out a bike, use it, and then <u>return</u> it. 많은 도시들에 단거리 이동용으로 대여해주는 자전거 공유 프로그램이 있어요. 이용자들은 자전거를 대여해서, 사용하고, 그런 다음 반납할 수 있어요. |

# Unit 33 엘리베이터

## Warm up

- 얼마나 자주 엘리베이터를 이용하나요?
- 엘리베이터를 이용하는 것의 장점은 무엇인가요?
- 엘리베이터 예절을 아는 것이 있나요?

**본문 해석**

엘리베이터를 이용할 때 지켜야 할 예절이 있다는 것을 알고 있나요? 많은 사람들이 하루에도 수도 없이 엘리베이터를 이용해요. 엘리베이터와 같은 공공 장소에서는 예의범절을 지키는 것이 꼭 필요해요.

엘리는 72살의 여성이에요. 그녀는 아파트의 2층에서 손자와 살아요. 그녀는 무릎이 안 좋아서, 엘리베이터를 사용하는 것에 대해 고마워해요. 하루는 1층에서 엘리베이터를 기다리고 있었어요. 한 어린 소년이 건물로 들어와 그녀 옆에 섰어요. 문이 열렸고, 소년은 그녀가 먼저 타도록 한쪽으로 섰어요. 그 다음에 그가 타고 그녀에게 몇 층으로 가셔야 하냐고 물어봤어요. 그는 그녀가 그에게 말했을 때 2층 버튼을 눌렀어요. 그녀가 내리자, 그는 그녀에게 안녕히 가세요라고 인사했어요. 그녀는 그가 아주 예의 바르고 귀엽다고 생각했어요.

엘리는 자신의 손자에게 그 소년과 엘리베이터 예절에 대해 말했어요. 그녀는 "엘리베이터와 같은 공공 장소에서는 예의범절을 지키렴. 예를 들어 만약에 네가 엘리베이터 제어판 가까이 있다면 다른 사람을 위해 문을 잡아 주렴." 하고 말했어요.

Ⓐ 알맞은 단어의 뜻을 찾아보세요.

proper ② 적절한

countless ④ 셀 수 없이 많은

public ⑥ 공공의

essential ⑦ 필수적인

knee ⑧ 무릎

grateful ⑨ 고마워하는

get off ⑩ 내리다

get on ⑤ 타다

press ③ 누르다

polite ① 공손한

Ⓑ 문제를 읽고 알맞은 답을 찾아보세요.

**1** 엘리는 누구와 살고 있나요? **b**

**2** 엘리는 왜 엘리베이터를 이용하는 것에 대해 고마워하나요? **b**

**3** 엘리는 그녀의 손자에게 무엇에 대해 말했나요? **c**

**4** 만일 여러분이 엘리베이터 제어판 가까이 있다면 무엇을 해야만 하나요? **a**

Ⓒ 다음 문장을 읽고 Elly가 엘리베이터 탔을 때 일어난 일을 순서대로 번호를 쓰세요.

① She was waiting for the elevator on the 1st floor.
그녀는 1층에서 엘리베이터를 기다리고 있었어요.

③ He pressed the number 2 button for her when she told him.
그는 그녀가 그에게 말했을 때 2층 버튼을 눌렀어요.

② A little boy came into the building and stood next to her.
한 어린 소년이 건물로 들어와 그녀 옆에 섰어요.

# Unit 34 가로등과 신호등

## Warm up

- 가로등이 없다면 어떤 일이 발생할까요?
- 가로등의 장점은 무엇인가요?
- 신호등은 무슨 색깔인가요?

**본문 해석**

밤에 운전하는 것은 낮에 운전하는 것보다 더 위험해요. 이 때문에 도시에서 가로등은 특히 중요해요. 그것들은 주민들에게 도로와 고속도로를 더 안전하게 만들어줘요.

잭은 온라인 쇼핑몰에서 일하는 배달원이에요. 그는 상품을 고객에게 배달하기 위해서 밤에 자주 운전을 해요.

그는 늦은 밤에도 트럭을 운전할 때 편안해요. 가로등이 가시성을 높여주기 때문에 그가 안전하게 운전할 수 있어요.

가로등은 또한 운전자들이 목적지에 더 빠르게 도착할 수 있도록 해주기 때문에 중요해요. 때때로 고객들은 주문한 상품을 다음날 아침에 받기를 원해요. 가로등의 도움으로 차량의 속도가 향상이 될 수 있어요. 그래서 새벽에 운전을 빨리 할 수 있어서 제시간에 모든 상품의 배달이 가능해요.

도로에는 안전을 위해 중요한 역할을 하는 또 다른 종류의 등이 있어요. 그것은 교차로나 보행자 건널목에 있는 신호등이에요. 빨간색, 주황색, 그리고 초록색의 신호등 세트는 교통의 흐름을 질서 있게 해줘요. 그것들은 하루 종일 사고를 방지함으로써 도로의 안전을 높여줘요. 신호등이 없다면, 교통 사고 건수가 크게 늘어날 거예요.

Ⓐ 알맞은 단어의 뜻을 찾아보세요.

enhance ⑨ 향상시키다

visibility ③ 눈에 잘 보임

amber ⑤ 호박색

dawn ⑦ 새벽

in time ⑧ 시간에 맞춰

crucial ⑩ 중대한

intersection ④ 교차로

pedestrian ⑥ 보행자

orderly ① 정돈된

significantly ② 중요하게

Ⓑ 문제를 읽고 알맞은 답을 찾아보세요.

**1** 잭은 어디에서 근무하나요? **a**

**2** 잭은 밤에 운전할 때 어떻게 느끼나요? **c**

**3** 가로등에 대한 것으로 사실이 아닌 것은 무엇인가요? **b**

**4** 신호등의 색깔이 아닌 것은 어느 것인가요? **c**

Ⓒ 다음 이야기를 읽고 비교하는 내용에 빈칸을 채워보세요.

| Streetlights<br>가로등 | Traffic lights<br>신호등 |
| --- | --- |
| Streetlights enhance **visibility** so he can drive safely. With the help of streetlights, traffic **speed** can be improved. So Jack can drive fast at **dawn** to deliver all the products in time.<br>가로등이 가시성을 높여주기 때문에 그가 안전하게 운전을 할 수 있어요. 가로등의 도움으로 차량의 속도가 향상이 될 수 있어요.그래서 잭은 새벽에 운전을 빨리 할 수 있어서 제시간에 모든 상품의 배달이 가능해요. | Those are traffic lights at **intersections** and pedestrian crossings. The sets of red, amber, and green lights **ensure** an orderly flow of traffic. They improve **safety** on the road.<br>그것들은 교차로나 보행자 건널목에 있는 신호등이에요. 빨간색, 주황색, 그리고 초록색의 신호등 세트는 교통의 흐름을 질서 있게 해줘요. 그것들은 도로의 안전을 높여줘요. |

# Unit 35 도로의 교통 표지판

## Warm up

- 교통 표지판은 어떻게 운전자들을 도와주나요?
- 서로 다른 교통 표지판의 이름을 몇 개나 댈 수 있나요?
- 교통 표지판은 다른 나라들에서는 다르다고 생각하나요?

### 본문 해석

교통 표지판은 사람들의 안전을 지키고 사고를 줄이는 데 중요한 역할을 해요. 그것들은 운전자와 보행자에게 길에 대한 지시나 정보를 줍니다. 교통 규칙을 따르는 데 실패하면 모두가 위험해질 수 있어요.

말리는 영국에 교환학생으로 갔어요. 그는 거기에서 운전하는 것에 대해 아주 많이 걱정을 했어요. 영국 사람들은 페루의 도로와 반대쪽에서 운전을 해요. 다른 무엇보다도 그는 교통 표지판을 읽을 수 있을지 확신이 없었어요. 하지만 그건 말리의 괜한 걱정이었는데, 여기에 그 이유가 있어요.

교통 표지판의 모양과 색깔은 대부분의 나라에서 표준화되어 있어요. 이 점이 말리가 언어 장벽을 극복하는 데 도움이 됐어요. 교통 표지판에는 세 가지 종류가 있어요. 규제 표지판은 보통 빨간색이에요. 그것들은 보통 '멈추세요', '양보하세요', '진입하지 마세요'와 같이 여러분이 무엇을 해야 하거나 하지 말아야 할 것을 나타내요. 경고 표지판은 대개 검은색 글자나 그림이 있는 노란색이에요. 그리고 그것들은 주의해야할 것을 나타내요. 안내 표지판은 주로 하얀색 글자나 숫자가 있는 초록색이에요. 그리고 그것들은 정보나 방향을 제시해요.

## Practice

**A** 알맞은 단어의 뜻을 찾아보세요.

instruction ⑥ 설명
regulation ⑦ 규정
exchange ⑤ 교환
barrier ⑨ 장벽
warning ② 경고
standardize ⑧ 표준화하다
overcome ③ 극복하다
yield ④ 양보하다
indicate ⑩ 나타내다
caution ① 조심

**B** 문제를 읽고 알맞은 답을 찾아보세요.

**1** 말리는 교환학생으로 어디에 갔나요? **a**
**2** 교통 표지판의 역할이 아닌 것은 무엇인가요? **c**
**3** 말리에 대해서 사실이 아닌 것은 무엇인가요? **a**
**4** 대부분의 나라에서 교통 표지판은 어떻게 표준화되어 있나요? **b**

**C** 다음 이야기를 읽고 교통 표지판들을 비교하는 내용에 빈칸을 채워보세요.

| Regulatory Signs 규제 표지판 | Regulatory signs are usually in <u>red</u>. They mean you must or mustn't do something, like Stop, <u>Yield</u>, and Do Not Enter.<br><br>규제 표지판은 보통 빨간색이에요. 그것들은 멈추세요, 양보하세요, 진입하지 마세요와 같이 여러분이 무엇을 해야 하거나 하지 말아야 할 것을 나타내요. |
| --- | --- |
| Warning Signs 경고 표지판 | Warning signs are generally in <u>yellow</u> with black letters or pictures, and they indicate <u>caution</u>.<br><br>경고 표지판은 보통 검은색 글자나 그림이 있는 노란색이에요. 그리고 그것들은 주의해야 할 것을 나타내요. |
| Guide Signs 안내 표지판 | Guide signs are normally in <u>green</u> with white letters and numbers, and they give information or <u>directions</u>.<br><br>안내 표지판은 주로 하얀색 글자나 숫자가 있는 초록색이에요. 그리고 그것들은 정보나 방향을 제시해요. |

# Unit 36 가로수

## Warm up

- 가로수는 무엇인가요?
- 가로수로 무슨 종류의 나무가 사용되나요?
- 가로수의 장점은 무엇인가요?

### 본문 해석

벚꽃나무, 이팝나무, 그리고 은행나무의 공통점은 무엇일까요? 그것들은 모두 가로수예요. 여러 지역 정부들이 그것들을 도로의 측면에 심어요. 그것들은 지역사회에 많은 역할을 해요.

첫 번째로, 가로수는 거리를 아름답게 하고 운전자의 스트레스를 줄일 목적으로 심어요. 잭은 매일 차로 출근해요. 길 위의 차와 회색 아스팔트를 쳐다보고 있으면 지루해져요. 그는 길가에 있는 나무들을 볼 때 더 행복을 느껴요.

두 번째로, 가로수는 공기를 정화하기 위해서 심어요. 큰 나무는 일 년에 3.5 파운드의 오염물질을 제거할 수 있어요. 그것들은 나뭇잎으로 공기의 오염 물질을 걸러줌으로써 생태계에서 간과 같은 역할을 해요. 그것들은 또한 이산화탄소를 흡수하고 산소를 배출해요. 그것들은 공기의 질을 아주 많이 향상시킬 수 있어요.

세 번째로, 그것들은 도시의 온도를 낮춰줘요. 가로수들은 햇빛을 포착해서 햇빛이 아스팔트에 닿지 않아요. 그것들은 또한 그늘을 만들고 파라솔 같이 큰 차양을 제공해 더위와도 싸워요.

## Practice

Ⓐ 알맞은 단어의 뜻을 찾아보세요.

stare ⑨ 빤히 쳐다보다
cherry blossom ① 벚꽃
roadside ⑥ 길가
purify ⑦ 정화하다
boring ⑧ 지루한
common ④ 공통의
gingko tree ⑩ 은행나무
capture ⑤ 잡다
beautify ② 아름답게 하다
shade ③ 그늘

Ⓑ 문제를 읽고 알맞은 답을 찾아보세요.

**1** 잭은 어떻게 출근하나요? **c**
**2** 그가 차로 출근할 때 그를 더 행복하게 하는 것은 무엇인가요? **a**
**3** 공기와 가로수에 대해 사실이 아닌 것은 무엇인가요? **c**
**4** 가로수는 어떻게 기온을 낮추나요? **b**

Ⓒ 다음 이야기를 읽고 빈칸을 채워보세요.

| Main Idea | Roadside trees<br>가로수 |
|---|---|
| Role 1<br>역할 1 | They are planted to **beautify** the roads and **reduce** drivers' stress. Jack feels happier when he sees the trees on the roadside.<br><br>가로수는 거리를 아름답게 하고 운전자의 스트레스를 줄일 목적으로 심어요. 잭은 길가에 있는 나무들을 볼 때 더 행복감을 느껴요. |
| Role 2<br>역할 2 | They are planted to purify the air. They act as an ecosystem's **liver**. They absorb carbon dioxide and release oxygen. They can make **significant** improvements to the **quality** of air.<br><br>가로수는 공기를 정화하기 위해서 심어요. 그것들은 생태계에서 간과 같은 역할을 해요. 그것들은 이산화탄소를 흡수하고 산소를 배출해요. 그것들은 공기의 질을 아주 많이 향상시킬 수 있어요. |

# Unit 37 공공 쓰레기통

## 🎧 Warm up

- 왜 길에 쓰레기를 버리면 안되나요?
- 가장 마지막으로 공공 쓰레기통을 사용한 게 언제였나요?
- 사람들에게 공공 쓰레기통을 사용하도록 어떻게 권할 수 있을까요?

### 본문 해석

앤디는 플라스틱 용기를 만드는 회사에서 일해요. 그의 부서는 쓰레기통을 만드는 일을 전문으로 해요. 그들은 다양한 실내용 및 실외용 쓰레기통을 디자인하고 만들어요.

앤디와 그의 팀은 다양한 색으로 쓰레기통을 만들어요. 그들은 사람들이 쓰레기를 서로 다른 색의 쓰레기통들에 분류해 버리기를 원해요. 쓰레기가 적절하게 분류되면 쓰레기 수거 작업은 더 효율적이 될 수 있어요. 쓰레기 처리에 드는 비용도 아낄 수 있고요.

앤디와 그의 팀은 또한 페달식 쓰레기통을 만들어요. 페달식 쓰레기통은 발 페달로 뚜껑을 조작하는 용기예요. 발 페달은 사람들이 뚜껑을 손으로 만지지 않고 열 수 있게 해줘요. 어떤 사람들은 쓰레기통에 손 대는 것을 좋아하지 않아요. 페달식 쓰레기통은 그런 사람들도 쓰레기통을 사용할 수 있게 해요.

앤디와 그의 팀은 바퀴로 움직이는 이동식 쓰레기통도 만들어요. 사람들이 쓰레기통에 쉽게 접근할 수 있게 만드는 것은 중요해요. 이동식 쓰레기통은 공원, 건널목, 버스 정류장, 그리고 노점 주위에 놓거나 옮길 수 있기 때문에 아주 좋은 해결책이에요.

## Practice

Ⓐ 알맞은 단어의 뜻을 찾아보세요.

container ⑥ 용기
manufacturing ⑨ 제조업
waste bin ⑧ 쓰레기통
encourage ③ 권장하다
lid ② 뚜껑
food stall ⑤ 노점
movable ④ 이동시킬 수 있는
crosswalk ⑩ 횡단보도
throw away ① 버리다
sorted ⑦ 분리된

Ⓑ 문제를 읽고 알맞은 답을 찾아보세요.

**1** 앤디의 부서는 무엇을 만드는 데 전문화되어 있나요? **b**
**2** 다양한 색깔의 쓰레기통에 대해 사실이 아닌 것은 무엇인가요? **c**
**3** 페달식 쓰레기통을 열 때 무엇을 사용하나요? **a**
**4** 사람들은 보통 어디에 이동식 쓰레기통을 두나요? **c**

| Different color bins 다양한 색 쓰레기통 | They make bins with different colors. They want to encourage people to separate their waste into different bins.<br>그들은 다양한 색으로 쓰레기통을 만들어요. 그들은 사람들이 쓰레기를 다른 색의 쓰레기통에 버리기를 원해요. |
|---|---|
| Pedal bins 페달식 쓰레기통 | It is a container with a lid and the lid is operated by a foot pedal. People can open the lid without touching it.<br>그것은 뚜껑이 있는 용기이고 뚜껑은 발 페달로 조작해요. 사람들은 손을 대지 않고 뚜껑을 열 수 있어요. |
| Movable bins 이동식 쓰레기통 | The movable bins can be placed or moved around in parks, crosswalks, bus stations, and food stalls.<br>이동식 쓰레기통은 공원, 건널목, 버스 정류장, 그리고 노점 주위에 놓거나 옮길 수 있어요. |

## Unit 38 태양열 전지판

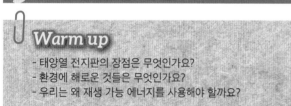

### Warm up

- 태양열 전지판의 장점은 무엇인가요?
- 환경에 해로운 것들은 무엇인가요?
- 우리는 왜 재생 가능 에너지를 사용해야 할까요?

**본문 해석**

태양열 전지판의 사용은 우리 행성에 엄청난 차이를 만들 수 있어요. 태양은 강력한 에너지원이에요. 한 시간의 햇빛은 지구의 모든 이들에게 충분한 에너지를 제공할 수 있어요.

조지는 태양열 전지판 회사에서 일해요. 그의 역할은 장점들을 고객들에게 설명하는 것이에요. 그는 태양 에너지가 그들의 전기요금을 낮출 수 있다고 말해요. 설치비가 다소 비싸지만, 결국에는 그만한 비용을 쓸 가치가 있을 거예요. 게다가, 정부는 할인의 개념으로 설치비의 일부를 지불해요.

그는 또한 고객들에게 어떻게 태양열 전지판이 작동하는지 설명해요. 첫 번째로, 태양열이 전지판을 활성화하고, 그 다음에 전지판은 태양열을 전기 에너지로 전환시켜요. 수많은 전지판은 주 발전장치에 연결되어 있어서 사람들은 그것을 바로 사용할 수도 있고 나중에 사용하기 위해 저장해 둘 수 있어요.

조지는 종종 깨끗한 재생 가능 에너지의 중요성을 강조함으로써 자신의 설명을 마무리해요. 화석 연료는 우리의 환경에 해로운 영향을 미쳐요. 우리는 태양 에너지 같은 대안 에너지원을 더 많이 사용할 필요가 있어요.

## Practice

A 알맞은 단어의 뜻을 찾아보세요.

installation fee ⑧ 설치비
rebate ① 할인
convert ⑥ 전환시키다
numerous ③ 많은
worth ⑦ ~의 가치가 있는
emphasize ④ 강조하다
renewable ⑨ 재생 가능한
fossil fuel ⑩ 화석 연료
harmful ⑤ 해로운
alternative ② 대체 가능한

B 문제를 읽고 알맞은 답을 찾아보세요.

**1** 조지는 어디에서 일을 하나요? **a**
**2** 태양열 에너지의 장점을 무엇인가요? **b**
**3** 태양열 전지판은 처음에 어떻게 작동하나요? **a**
**4** 태양열 전지판에 대해서 사실이 아닌 것은 무엇인가요? **c**

C 다음 이야기를 읽고 빈칸을 채워보세요.

| Main Idea | Solar panels<br>태양열 전지판 |
|---|---|
| Solar panel 태양열 전지판 | Using solar panels can make a significant difference to our planet. The sun is a powerful source of energy.<br>태양열 전지판의 사용은 우리 행성에 엄청난 차이를 만들 수 있어요. 태양은 강력한 에너지원이에요. |
| Benefits 혜택 | Solar energy is can lower their electric bills.<br>태양열은 전기요금을 낮출 수 있어요. |
| How they work 작동하는 법 | First, sunlight activates the panels, and then the panels convert the sunlight into electrical energy.<br>첫 번째로 태양열은 전지판을 활성화하고, 그 다음에 전지판은 태양열을 전기 에너지로 전환시켜요. |

# Unit 39 자동차 (승용차 vs SUV)

## Warm up

- 어떤 종류의 자동차를 가장 좋아하나요?
- 얼마나 자주 자동차를 이용하나요?
- 자동차의 장점은 무엇인가요?

### 본문 해석

우리는 오늘날 자동차를 고를 때 훨씬 더 많은 선택지가 있어요. 대다수의 사람들은 일반 승용차(sedan)를 운전해요. 한편 여행을 좋아하는 사람들은 SUV(스포츠 실용차)를 사는 경향이 있어요. 여러분은 어떤 자동차를 선택하고 싶나요?

매기는 승용차를 사기 원해요. 그녀는 출퇴근 시간 대부분을 도시의 도로 위에 있어요. 승용차는 도시에서 이동하는 데 더 쉬워요. 그래서 그녀는 승용차에 더 많이 끌려요. 무엇보다 좌석이 편안하고 편리한 기능들이 많이 딸려 있어요. 승용차는 가벼워서 연료 소비의 측면에서도 더 뛰어나요.

하지만 매기의 남편인 에릭은 SUV를 원해요. SUV는 큰 트렁크가 있고 캠핑용품에도 딱 맞아요. 그것은 좌석의 높이도 더 높아요. 그것은 전방 도로에 대해 더 나은 시야를 제공해요. SUV는 같은 사이즈의 승용차들보다 내부 공간이 더 넓은 편이에요. 좌석을 평평하게 접으면 차에서 잘 수도 있어요.

그들은 어떤 차를 사야 할까요? 아마도 그들은 크로스오버(두 가지가 합쳐진 것)를 사야 할 거예요. 크로스오버는 SUV와 승용차의 요소가 합쳐진 차예요. 그것들은 승용차보다는 더 내부가 넓고, SUV보다는 운전 원활성(운전의 용이성과 안정성을 보여주는 정도)이 뛰어나요.

## Practice

**A** 알맞은 단어의 뜻을 찾아보세요.

majority ⑨ 대다수
maneuver ③ 이동하다
ahead ⑩ 앞쪽에
feature ② 특징, 특색
consumption ⑥ 소비
choice ⑧ 선택
fold ① 접다
interior ⑤ 내부의
come with ⑦ ~이 딸려 있다
combine ④ 결합하다

**B** 문제를 읽고 알맞은 답을 찾아보세요.

**1** 대부분의 사람들은 어떤 종류의 자동차를 운전하나요? **a**
**2** 매기는 왜 승용차를 사기 원하나요? **c**
**3** SUV에 대해 사실이 아닌 것은 무엇인가요? **a**
**4** 좌석을 평평하게 접으면 에릭은 무엇을 할 수 있나요? **b**

**C** 다음 이야기를 읽고 비교하는 내용에 빈칸을 채워보세요.

| | |
|---|---|
| **Sedans**<br>승용차 | it comes with more comfortable seats, and <u>convenient</u> features. Sedans easily <u>maneuver</u> around the city.<br><br>그것은 좌석이 더 편안하고 편리한 기능이 많이 있어요. 승용차는 쉽게 도시에서 이동해요. |
| **SUVs**<br>SUV | It also has <u>higher</u> seats for a much better view of the road ahead. SUVs tend to be <u>spacious</u> inside.<br><br>그것은 좌석의 높이도 더 높아서 전방 도로에 대해 더 나은 시야를 제공해요. SUV는 내부 공간이 넓은 편이에요. |
| **Crossovers**<br>크로스오버 | Crossovers <u>combine</u> elements of SUVs and sedans. They offer more interior space than a sedan and better <u>drivability</u> than an SUV.<br><br>크로스오버는 SUV와 승용차의 요소가 합쳐진 차예요. 그것들은 승용차보다는 더 내부가 넓고, SUV보다는 운전 원활성이 뛰어나요. |

# Unit 40 가게 간판

## Warm up

- 가게 간판에는 어떤 다른 종류가 있나요?
- 가장 기억에 남은 가게 간판은 무엇이 있나요?
- 가게 간판의 역할은 무엇인가요?

### 본문 해석

가게 간판은 여러분의 사업에 대한 정보를 보여줘요. 좋은 간판은 고객들을 끌고 그들을 계속 다시 오게 해요. 가장 효과적인 종류로는 옥외 배너, 디지털 디스플레이, 그리고 창문용 그래픽이 있어요.

레이는 의류 소매점 주인이에요. 그는 옥외 배너를 사용해요. 그것은 유동 인구에 큰 영향을 미치고 가격이 비싸지 않아요. 무엇보다 중요한 것은 새로운 계절용 옷을 위해 그것을 쉽게 바꿀 수 있어요. 그의 가게에는 안성맞춤이에요.

캠은 극장 주인이에요. 그는 디지털 디스플레이를 사용해요. 그는 10초마다 디스플레이가 바뀌도록 설정할 수 있어요. 또한 사람들은 그냥 정지화면으로 되어 있는 간판보다는 비디오를 훨씬 더 잘 기억하는 경향이 있어요. 그래서 그것은 그에게는 완벽한 선택이에요.

앤은 장난감 가게 주인이에요. 그녀는 그녀의 창문에 2D와 3D 창문용 그래픽을 사용해요. 그녀는 가장 인기있는 장난감들을 위해 3D 스티커를 정문 창문들에 붙여요. 그녀는 다른 장난감을 위해서는 2D 글자 스티커를 다른 쪽 창문들에 붙였어요. 그들은 엄청나게 시선을 끌고 그리고 그것들은 장난감 같은 상품을 홍보하는 데 아주 효과적이에요.

## Practice

**A** 알맞은 단어의 뜻을 찾아보세요.

signage ⑩ 간판
display ① 전시하다, 내보이다
come back ② 돌아오다
retail ⑧ 소매의
post ⑥ (광고 등을) 게시하다
rotate ⑨ 회전하다
attract ⑤ 끌어들이다
incredibly ③ 믿을 수 없을 정도로
extremely ⑦ 극도로
stationary ④ 정지된

**B** 문제를 읽고 알맞은 답을 찾아보세요.

1 간판은 무엇에 대한 정보를 보여주나요? **b**
2 옥외 배너에 대해 사실인 것은 무엇인가요? **a**
3 어떤 가게가 디지털 디스플레이를 사용하나요? **b**
4 앤은 가장 인기있는 장난감을 위해 정문 창문들에 무엇을 붙였나요? **a**

**C** 다음 이야기를 읽고 빈칸을 채워보세요.

| **Outdoor banner** 옥외 배너 | Ray uses an <u>outdoor</u> banner. It has a huge effect on foot traffic and it is <u>inexpensive</u>. <br> 그는 옥외 배너를 사용해요. 그것은 유동 인구에 큰 영향을 미치고 가격이 비싸지 않아요. |
| --- | --- |
| **Digital display** 디지털 디스플레이 | Cam uses a digital display. People <u>tend</u> to remember videos a lot more than just a <u>stationary</u> sign. <br> 캠은 디지털 디스플레이를 사용해요. 사람들은 그냥 정지되어 있는 간판보다는 비디오를 훨씬 더 잘 기억하는 경향이 있어요. |
| **2D and 3D Window graphics** 2D와 3D 창문용 그래픽 | Ann uses 2D and 3D window graphics on her shop windows. They're good for <u>promoting</u> products like toys. <br> 앤은 2D 와 3D 창문용 그래픽을 그녀의 가게 창문에 사용해요. 그들은 장난감 같은 상품을 홍보하는 데 효과적이에요. |

## Vocabulary Review 4 (Unit 31-40)

**A** 일치하는 우리말 뜻을 찾아 쓰세요.

1 **g**-훔치다   2 **d**-반납하다   3 **a**-타다
4 **b**-향상시키다   5 **e**-나타내다   6 **j**-공통의
7 **f**-쓰레기통   8 **i**-전환시키다   9 **c**-결합하다
10 **h**-회전하다

**B** 반의어를 찾아 연결하세요.

1 discourage 의욕을 꺾다 - encourage 권장하다
2 massive 엄청나게 큰 - tiny 아주 작은
3 polite 공손한 - impolite 무례한
4 visibility 가시성 - invisibility 불가시성
5 boring 지루한 - interesting 재미있는
6 majority 대다수 - minority 소수

**C** 단어를 골라 문장을 완성해보세요.

1 many, 많은 장소에 보안 카메라가 있어요.
2 returned, 자전거를 쉽게 반납할 수 있기 때문에 이 프로그램은 인기가 있어요.
3 When, 그녀가 내리자, 그는 그녀에게 안녕히 가세요라고 인사까지 했어요.
4 more, 밤에 운전하는 것은 낮에 운전하는 것보다 훨씬 더 위험해요.
5 as, 말리는 교환학생으로 영국에 갔어요.
6 to, 두 번째로 가로수는 공기를 정화하기 위해서 심어요.
7 If, 쓰레기가 적절하게 분류되면 수거는 훨씬 더 효율적으로 할 수 있어요.
8 Using, 태양열 전지판의 사용은 우리 행성에 엄청난 차이를 만들 수 있어요.
9 him, 그것은 전방 도로에 대해 더 나은 시야를 제공해요.
10 about, 가게 간판은 여러분의 사업에 대한 정보를 보여줘요.

**D** 알맞은 단어를 써서 문장을 완성해보세요.

1 runs, 메리는 동네에서 자신의 편의점을 운영하고 있어요.
2 worry, 그는 자전거를 주차할 공간에 대해 걱정할 필요가 없어요.
3 pressed, 그는 그녀가 그에게 말했을 때 2층 버튼을 눌렀어요.
4 play, 도로에는 안전을 위해 중요한 역할을 하는 또 다른 종류의 등이 있어요.
5 helped, 이것은 말리가 언어 장벽을 극복하는 데 도움이 되었어요.
6 absorb, 그것들은 이산화탄소를 흡수하고 산소를 배출해요.
7 have, 사람들이 쓰레기통에 쉽게 접근할 수 있게 만드는 것은 중요해요.
8 lower, 태양열은 전기요금을 낮출 수 있어요.